JUGEMENT IMPARTIAL

SUR NAPOLÉON.

On trouve, à l'adresse du même libraire, les Ouvrages suivans de M. Azaïs.

Des Compensations dans les destinées humaines, troisième édition, considérablement augmentée, trois vol. in-8° avec une belle gravure servant de frontispice. 15 fr.

Système universel, huit vol in-8°. 30 fr.

Traité de Physiologie et d'Idéologie, d'après le Système universel, cinq vol. in-8°. 20 fr.

Manuel du Philosophe, ou Principes éternels, un vol. in-12. 1 f. 50 c.

Le nouvel Ami des enfans, par M. et Mme Azaïs, 24 vol. in-18, avec deux gravures à chaque volume. 24 fr.

Un mois de séjour dans les Pyrénées, un vol. in-8°. 5 fr.

Explication et emploi du Magnétisme, par MM. Bapst et Azaïs un vol. in-8°. 1 fr.

De la Sagesse en politique sociale, ou de la Mesure de liberté qu'il est convenable d'accorder, en ce moment, aux principales nations de l'Europe, un vol. in-8°. 1 fr. 50 c.

Jugement philosophique sur J.-J. Rousseau et sur Voltaire, un vol. in-8°. 1 fr. 50 c.

De l'Amérique, ou Considérations générales sur le sort actuel et le sort futur de ce grand continent, un vol. in-8°. 1 fr. 50 c.

Du Système politique suivi par le ministère, ou Réponse à l'ouvrage de M. de Châteaubriand sur le même sujet, 1 vol. in-8°. 1 f. 50 c.

Réflexions sur la Note secrète, un vol. in-8°. 1 fr.

Correspondance philosophique. (Elle se compose de six Lettres à M. de Châteaubriand, d'une lettre à M. Benjamin Constant, et d'une Lettre à M. de Feltz.) 8 fr.

De la Situation morale et politique de la France, à la fin de la session de 1818, un vol. in-8°. 1 fr. 50 c.

JUGEMENT IMPARTIAL
SUR NAPOLÉON,

OU

CONSIDÉRATIONS PHILOSOPHIQUES

SUR SON CARACTÈRE, SON ÉLÉVATION, SA CHUTE,
ET LES RÉSULTATS DE SON GOUVERNEMENT.

SUIVIES

D'UN PARALLÈLE ENTRE NAPOLÉON ET CROMWELL; ENTRE LA
RÉVOLUTION D'ANGLETERRE ET LA RÉVOLUTION FRANÇAISE.

PAR H. AZAÏS.

Si nous voulons être libres,
commençons par être justes.

A PARIS,

Chez AIMÉ ANDRÉ, Libraire, quai des Augustins, n° 59.

DE L'IMPRIMERIE DE DENUGON.

1820.

PRÉFACE.

Les hommes très-remarquables peuvent être considérés comme des questions d'une haute importance. Parvenir à les résoudre, ce serait éclaircir ce qui est le plus digne d'occuper nos méditations.

J'ai essayé, il y a deux ans, la solution du caractère de Jean-Jacques Rousseau, et de celui de Voltaire. J'ai publié un *jugement philosophique* sur ces deux Ecrivains ; et il m'a semblé que l'opinion des hommes graves et éclairés était conforme à ce jugement.

Je leur présente un ouvrage du même genre, mais sur un sujet plus vaste, sur un homme plus frappant. Je ne pense pas que la Nature humaine puisse jamais dépasser Napoléon en saillie et en véhémence. Je ne pense pas non plus que l'homme le plus saillant par caractère pût jamais se trouver dans une situation plus agitée, plus élevée, plus dramatique, que ne le fut celle de Napoléon. On sent d'avance que dans l'essai d'un jugement impartial, d'un jugement philosophique, sur l'ambitieux guerrier qui sut, pour ainsi dire, condenser toute la révolution dans sa personne, les plus grandes idées en morale et en politique doivent trouver leur application.

Si je n'ai rempli qu'imparfaitement mon objet, je crois du moins en avoir apprécié l'étendue et l'utilité. Chez tous les peuples, il est un grand nombre d'hommes dont toutes les opinions politiques sont, chez les uns, l'effet d'une prévention, chez les autres, l'effet d'un prestige. Cela est vrai surtout des peuples vifs et sensibles, comme le Peuple Français; nous sommes, généralement, plus susceptibles de sentimens que de pensées.

Il nous importe cependant d'acquérir, en politique, des pensées vraies, judicieuses, parce que nous ne sommes plus en tutelle; nous jouissons maintenant d'une grande influence sur notre destinée. Afin de pouvoir nous conduire au gré de notre véritable intérêt, il nous est donc essentiel de raisonner au gré de la justice ; car la justice est la base de la liberté.

Il m'a paru indubitable que pour me rendre digne de juger Napoléon, mon premier devoir était de me placer dans une situation d'esprit exempte, à la fois, de toute prévention et de tout prestige ; or, à cet égard, l'homme qui est de bonne foi avec lui-même ne saurait s'abuser. Il peut sans doute se tromper, et sur les faits, et sur l'explication ou l'enchaînement des faits ; mais, s'il sent que son inclination ne résiste pas plus à faire l'éloge que la censure de l'homme dont il s'occupe ; si, dans les occasions où il le trouve coupable, il le blâme sans ménagement, de même qu'il le loue sans réticence dans les occasions où il le croit digne d'estime, il n'en faut pas davantage : il peut s'attester à lui-même qu'il possède la première qualité d'un juge ; il est attentif et impartial.

Je me suis donné cette attestation ; j'en avais le droit ; mon ouvrage le démontrera ;

c'est pour cela que j'ose penser qu'il pourra être utile. J'ai trouvé, dans le caractère de Napoléon, des choses funestes, odieuses, rachetées par des qualités admirables ; j'ai vu, dans sa conduite politique, des actes criminels, insensés, entremêlés d'intentions généreuses et de vues sublimes. J'ai tout dit avec le même penchant, la même franchise. Mes sentimens à son égard m'ont placé à une égale distance de ceux qui le blâment avec passion, et de ceux qui le louent sans mesure. J'ai cru que je pouvais contribuer à affaiblir ces excès d'opinion sur un homme encore lié à toutes les choses qui nous intéressent, quoique son existence politique soit à jamais terminée.

En m'abandonnant sans réserve à toutes mes pensées, j'ai goûté d'ailleurs la satisfaction honorable de démontrer, par mon exemple, combien, aujourd'hui, les Ecrivains sincèrement dévoués au Roi, sincèrement approbateurs de l'esprit conciliant et de la marche graduelle de son Gouvernement, sont essentiellement libres. Nul Français, j'en ai la certitude, ne bénit plus vivement, plus profondément que moi, le Monarque patriote qui nous a été rendu, ne justifie, avec plus de conviction, l'ensemble des actes de son ministère; et nul Ecrivain, je l'affirme, ne sent mieux que moi toute sa conscience affranchie, toute son âme dégagée d'entraves, ou même de considérations répressives. Je mets mon cœur dans mes livres. A force de bonne foi et de justice, j'ai acquis le droit d'être hardi sans turbulence. Il me semble que c'est le caractère de la vérité.

Je crois maintenant devoir aller au-devant de quelques souvenirs qui pourraient être retracés par quelques personnes.

Je n'ai pas toujours été impartial envers Napoléon. Au mois de février 1815, je faisais imprimer, à Nanci, un ouvrage intitulé : *De Napoléon et de la France*. Là, je le défendais, je le justifiais avec une exagération prononcée; plusieurs causes avaient prolongé, ou peut-être ranimé en moi, l'exaltation que, pendant les années antérieures, j'avais partagée avec presque tous les Français. J'habitais une Province qui s'était vivement rattachée à sa cause, parce qu'elle avait cruellement souffert de l'invasion étrangère, parce qu'un grand nombre de ses habitans avaient vu Napoléon dans les plaines de Champagne, et que là, il avait fait des prodiges de génie militaire, de courage et d'activité. Depuis sa retraite à l'île d'Elbe, ces mêmes habitans des provinces de l'Est n'avaient pu lire sans indignation les injures frénétiques dont on ne cessait de l'accabler, et que l'on avait l'extravagance d'étendre sur tous les hommes qui avaient suivi sa fortune. La vieille garde, casernée à Nanci et dans les villes environnantes, frémissait, s'irritait, prenait ostensiblement les dispositions les plus effrayantes. Le peuple des campagnes, l'artisan des villes, s'associaient à son irritation. On imaginerait difficilement l'impression que produisaient les plus indécentes diatribes. Pour l'affaiblir autant qu'il était en moi, je m'empressai de rappeler la justice en faveur de l'homme qui ne devait pas avoir été sans grandeur, puisqu'il avait gouverné les Français et dominé l'Europe. Mais l'excès fatal qui m'épouvantait me poussa, jusques à un certain point, vers l'excès opposé. Une circonstance personnelle contribuait encore à m'entraîner. Dans le temps de sa puissance, Napoléon m'avait toujours rebuté; singulièrement prévenu contre mes pensées, que je présentais mal à cette époque, il n'avait eu aucun égard à ma position, à mes sollicitations; partout où je me présentais, j'étais repoussé; sans l'honorable et opiniâtre bienveillance de M. de Montalivet, je n'aurais eu aucun moyen d'existence.

J'étais donc désintéressé, en 1814, dans la cause de Napoléon : on concevra que ce désintéressement pouvait être, pour moi, un nouveau piége. L'homme qui peut trouver une occasion de louer celui dont il eut à se plaindre, court le risque de chercher, dans l'excès même de l'éloge, une vengeance dont il puisse s'honorer.

Par le concours le plus imprévu, au moment où Napoléon descendait sur le territoire français, mon ouvrage était livré à l'impression; je ne songeai ni à le modifier, ni à le refondre; je me bornai à y ajouter quelques pages supplémentaires, et je le fis paraître très-peu de jours après le 20 mars. Je dois avouer que Napoléon m'en tint compte, et qu'il ordonna que je fusse distingué. Cette circonstance fut sans doute pour quelque chose dans l'ardeur avec laquelle j'embrassai ses nouveaux intérêts; cependant, je crois que la situation des esprits en Lorraine, et les menaces d'une seconde invasion, auraient suffi pour m'entraîner à confondre la cause nationale avec la cause de Napoléon, lors même qu'il m'aurait encore délaissé.

Sa seconde chute, événement définitif pour la France et pour l'Europe, a eu des résultats si prononcés, que la raison des hommes naturellement judicieux en a été rapidement mûrie; ils n'ont pu retenir dans leur cœur un sentiment d'exaltation, ni en faveur de l'homme qui avait compromis le sort de la France après l'avoir sauvée, ni en faveur des projets dont il s'était lui-même enivré. Ainsi, ils n'ont plus été disposés à faire son apothéose; mais, conservateurs scrupuleux de la dignité nationale, ils ne se sont point permis d'accuser sans retenue, et d'outrager avec colère, l'homme qui, si long-temps, avait obtenu l'admiration et l'obéissance des Français ; ils ont pensé qu'il avait nécessairement des qualités très-honorables, puisque, d'une condition obscure, il s'était élevé jusques au premier trône de la terre ; mais que, puisqu'il n'avait su s'y maintenir, sa conduite politique devait présenter de grandes fautes, et son caractère de grands défauts.

C'est dans cette disposition d'esprit que j'ai écrit mon ouvrage.

Ceux de mes lecteurs qui, par mes ouvrages précédens (1), connaissent le Principe sur lequel la marche générale de la Nature me semble fondée, vont en trouver ici l'application continue ; je ne saurais plus m'en écarter ; et, soit volontairement, soit à leur insu, tous les Ecrivains politiques,

---

(1) Surtout par la troisième édition de mon ouvrage sur les *Compensations*, et par le *Manuel du Philosophe*.

tous les Ecrivains d'un genre quelconque, ne cessent de lui rendre hommage. Est-il, en effet, pour l'homme, un seul sujet de méditation qui ne soit lié à l'ensemble des sujets? Peut-on concevoir l'Univers sous une image plus vraie que celle d'un arbre immense, dont toutes les branches, tous les rameaux, ont les mêmes racines, émanent du même tronc?

J'ai consacré ma vie à étudier le plan de l'harmonie universelle, et je consacre mes efforts à l'exposer; je ne tarderai point à publier un ouvrage auquel je travaille depuis long-temps; je l'intitulerai : *Du Sort de l'Homme dans toutes les conditions; du Sort des Peuples dans tous les siècles:* c'est le développement méthodique des pensées morales et politiques que j'ai présentées dans le *Système Universel,* dans mon ouvrage sur les *Compensations,* et dans le *Manuel du Philosophe.* J'ai eu, d'abord, l'intention de placer, dans ce nouvel ouvrage, mon Jugement sur Napoléon. Cet illustre prisonnier de l'Europe étant, de nos jours, l'exemple le plus frappant du balancement dans les destinées humaines, je ne pouvais, ce me semble, m'occuper plus à propos de la sienne, qu'en parcourant avec ordre, et dans leur ensemble, les diverses conditions de l'humanité.

Mais j'ai vu bientôt qu'un tel épisode, dans un ouvrage de sentiment et de raisonnement, y prendrait trop d'espace, et s'y montrerait avec trop de saillie; j'ai préféré traiter ce beau sujet séparément.

Une circonstance heureuse m'a fourni les moyens de donner à mes pensées sur Napoléon plus de clarté et d'intérêt. Pendant que je travaillais à les exposer, M. Villemain publiait son *Histoire de Cromwell*. La lecture de cet ouvrage, plein de faits admirablement racontés, et liés entre eux par des réflexions fortes, judicieuses, convenables, a ouvert, pour moi, une seconde carrière, parallèlement à celle que j'essayais de parcourir. Les grandes analogies, ainsi que les dissemblances caractéristiques, entre Cromwell et Napoléon, entre le seizième siècle et le dix-neuvième, entre la Révolution d'Angleterre et la Révolution de

France, se sont manifestées à mes regards. J'en ai tracé le Tableau respectif, n'employant que les traits qui me paraissaient fodamentaux.

A l'aide d'un cadre si avantageux, je crois avoir résumé et fortifié mes idées principales, de manière à les démontrer.

POST-SCRIPTUM.

12 Novembre 1819.

Au moment où se termine l'impression de l'ouvrage que l'on va lire, et de la préface destinée à en indiquer l'objet, les circonstances politiques ont pris un caractère qu'elles n'avaient pas, il y a quelques mois. Bien des causes faisaient pressentir l'agitation comme possible, ou même inévitable, aux approches de la Session ; mais les méditations de l'Écrivain, étranger aux partis, pouvaient encore s'exercer, sans distraction, sur les choses fortes et permanentes, sur celles qui sont de nature à entrer dans le domaine de l'histoire et de la philosophie.

Je présente mon ouvrage tel que je l'ai écrit, il y a deux mois ; mais je crois devoir ajouter ici ce que je pense de cette agitation du moment, agitation qui inquiète la plupart des hommes dont les inclinations sont paisibles; elle ... ar paraît le commencement d'une fermentation.

Au reste, ce que je vais dire n'est point, à proprement parler, une excursion; long-temps encore, dans notre situation de chaque jour, nous sentirons les arrières-effets du Gouvernement de Napoléon.

La Session qui va s'ouvrir sera définitive; c'est-à-dire qu'elle fixera notre état politique. A son terme, il n'y aura plus d'incertitude sur la puissance de la Révolution; les Chambres, l'opinion publique, le Gouvernement auront consacré positivement, et sans retour, les changemens nécessaires, ou du moins les principes qui doivent servir de règle et de mesure à ces changemens.

C'est donc le terme de la crise qui s'approche; et l'on sait que l'agitation imprimée par tout mouvement critique n'est jamais plus forte qu'au moment où il s'apprête à finir.

Mais est-ce la santé, ou bien la mort, qui sera amenée par l'épuisement du mouvement critique? Ce ne peut être la mort. Les Nations portent en elles-mêmes le principe de la longévité absolue; si elles ne sont point victimes d'un accident fatal; si elles ne sont point envahies, exterminées, elles ne peuvent mourir que de caducité.

Est-ce donc la santé pleine et entière qui va nous être rendue? Ici, nous devons écouter des considérations importantes.

Depuis trente ans, la France n'est pas simplement un État en révolution locale et particulière; la France, depuis trente ans, est le foyer d'une révolution universelle dans les idées, les mœurs et les institutions de tous les peuples civilisés.

Ainsi, chacun de nos mouvemens politiques rayonne, autour de nous, sur toute la surface du globe, principalement sur la surface du continent européen; réciproquement, notre situation politique est liée directement à la situation actuelle et aux mouvemens actuels de tous les peuples qui nous environnent. L'espèce humaine, en Europe, n'est plus qu'un seul corps, dont les diverses nations sont les membres ou organes. Il n'est plus possible à une seule nation d'être sans influence sur toutes les autres, et d'échapper à l'influence de toutes les autres. Cela est vrai surtout de la nation très-éclairée, très-active, qui, dans la civilisation générale, est comme le cœur ou l'organe principal.

Une telle réciprocité d'influence ne saurait néanmoins s'étendre jusques à contraindre tous les membres du grand corps européen à prendre exactement les mêmes formes d'existence politique; en chacun de nous, c'est, pour la perfection de notre Être, que chacun de nos organes a son mode particulier d'action vitale; mais chacun de nos organes est lié à tous les autres par les rameaux qu'il a propagés jusques dans leur sein; et l'harmonie vitale, cette harmonie qui fait notre bien-être, notre force, ne peut s'établir que lorsque tous nos organes s'entr'aident au gré de leurs diverses fonctions.

Voici en quoi consiste spécialement la réciprocité d'influence: lorsqu'un de nos organes s'émeut, tous y participent; lorsqu'il se porte à une action outrée, ou sans convenance avec les besoins de l'ensemble, tous les autres organes entrent en souffrance et en réaction; et enfin, lorsque plusieurs organes se troublent à la fois, et avec violence, il y a une forte intensité dans le trouble général.

Appliquons l'image. Tandis que la France travaillait à se rétablir de ses convulsions et de ses calamités, et au moment où elle s'avançait décidément vers le calme social, deux grandes Nations en Europe, l'Angleterre et l'Allemagne, se livraient à une agitation désordonnée; les classes démocratiques se soulevaient, ou du moins tendaient à se soulever d'une manière impétueuse, alarmante: les classes démocratiques, en France, ne pouvaient manquer d'être mises involontairement, sans préméditation, dans une disposition semblable; ce qui entraînait, en Allemagne, en Angleterre, et en France, l'union, la réaction, non-seulement des classes aristocratiques, mais, généralement, des hommes que toute agitation inquiète, et qui, par opinion, par caractère, par position, désirent par-dessus tout la tranquillité de l'État.

Un acte atroce est venu justifier et fortifier cette nouvelle coalition européenne; le délire du fanatisme a saisi un jeune insensé; et sa frénésie a eu de nombreux admirateurs; dès-lors tous les Gouvernemens se sont vus sur les bords d'un abîme; tous les hommes sages ont frémi.

Pendant qu'en Allemagne, l'assassin de Kotzebuë mêlait son propre sang à celui de sa victime, de violens séditieux rassemblaient, en Angleterre, tous les malheureux irrités par la détresse; ils enveloppaient de harangues hypocrites leurs projets de bouleversement.

Et peu de temps après, quelques Français, directeurs froids ou passionnés des âmes irréfléchies, les entraînaient à favoriser, à proclamer comme national, un acte d'une extraordinaire inconvenance; ils faisaient tomber l'élection sur un homme, mélange saillant de vertus privées et d'égaremens politiques, sorte de Presbytérien rigide, ayant porté l'inconséquence jusques à unir de bonne foi la croyance religieuse aux théories anarchiques, ayant, du même cœur, de la même bouche, prononcé l'adoration des mystères chrétiens et la condamnation du meilleur des Rois.

C'est-là ce qui a consommé l'épouvante. Il était sans doute possible que ce trop célèbre vieillard, ramené par le temps, par l'expérience, par le torrent de la résipiscence générale, n'eut aujourd'hui que des intentions salutaires; sa nomination n'en a pas moins été un hommage ostensiblement rendu aux souvenirs les plus odieux, et une injure déchirante adressée au Prince citoyen, qui a voulu la liberté des Français avec une opiniâtreté si généreuse. N'est-ce pas jusques à l'ombre d'une peine que, par vénération, par reconnaissance, nous devrions tous épargner à son âme!

Vainement on a rappelé que le Roi de France avait accepté pour Ministre, en 1815, un des meurtriers de son frère. En 1815, le duc d'Otrante fut imposé à Louis XVIII par des événemens terribles; mais, après quatre ans d'un règne consacré à les adoucir, un collègue du duc d'Otrante devait-il être présenté au Roi par des Français?

Outrager un excellent Prince, un Souverain qui, volontairement, sincèrement, s'est rendu Monarque constitutionnel, c'est répudier la liberté.

Voilà de quoi l'Europe a accusé la France; c'est ce qui lui a fait prononcer le vœu que la liberté politique, en France, fût, sinon rétractée, du moins suspendue ou modifiée; c'est ce qui entraînant, dans l'opinion des hommes pacifiques, une injuste confusion d'idées, a enfermé sous les mêmes dénominations, sous la même réprobation, les hommes séditieux et les hommes qui veulent être libres, les maximes anarchiques et les principes constitutionnels.

Or, les hommes pacifiques, en Europe et en France, forment certainement le grand nombre;

lorsque le calme règne, on ne les voit point, on ne les entend point; ils se livrent tacitement à leurs travaux; lorsque l'inquiétude les presse, ils parlent, ils se montrent; ils s'unissent; ils forment réellement alors l'opinion prépondérante; et ils lui donnent une voix distincte, puissante, que les Gouvernemens ne peuvent repousser.

Elle a certainement obtenu toute l'attention du Roi. Supérieur aux offenses personnelles, mais fidèle aux affections du sang, au respect qu'exigent de lui le trône de ses ancêtres et les malheurs de sa famille, il a éprouvé la noble consolation de voir les sentimens des hommes sages liés à ses plus chers sentimens; il a ordonné au Ministre qu'il honore plus particulièrement de sa confiance de chercher des satisfactions, des garanties, pour l'opinion actuelle, pour celle que le meurtre de Kotzebuë, les déclamations des réformateurs anglais, et l'élection de M. Grégoire ont rendue, en ce moment, dominante en Europe. Or, on ne satisfait une opinion quelconque qu'en distinguant, en élevant, les hommes qui passent pour lui être favorables.

Le Ministre, organe principal des volontés du Roi, s'est trouvé alors dans l'obligation de s'approcher d'un autre écueil; car, de même que, par l'effet des actes violens que nous venons de rappeler, les vrais libéraux se sont trouvés confondus, dans l'opinion des hommes pacifiques, avec les fauteurs de bouleversemens ; les hommes sages et modérés se sont trouvés confondus, dans l'opinion des libéraux vrais, estimables, quoique passionnés, avec les provocateurs de mesures contre-révolutionnaires ; en sorte qu'il a suffi à M. Decazes de faire quelques démarches de conciliation et de prudence pour mettre en alarmes tout le parti vivement dévoué à tous les intérêts nés de la Révolution.

Ce parti, dans le sein duquel il y a beaucoup d'hommes éloquens, parce qu'ils sont sincères et énergiques, fait entendre, aujourd'hui, des plaintes si fortes ; il prononce avec tant de véhémence les craintes que lui inspire le plus léger retour du système de 1815 ; ce fatal système qui, rétabli une seconde fois, n'aurait qu'un instant de durée, et ramènerait l'anarchie et toutes les horreurs de 93, est si justement un objet de terreur, que les hommes pacifiques portent déjà leurs vœux dans un autre sens, et manifestent de nouvelles inquiétudes, sans être affranchis cependant de leurs inquiétudes précédentes. Ils vacillent, avec anxiété et souffrance, entre des sentimens opposés.

Or, les bons Gouvernemens sont nécessairement tributaires des fluctuations de l'opinion publique; c'est ce qui les distingue de la Tyrannie. Un père de famille, entouré de ses enfans, consulte leurs sentimens, leurs passions même. Son auguste fonction est de les ramener, non de les contraindre; et s'il ne commençait par les suivre dans tous leurs mouvemens, comment pourrait-il les ramener? quels droits conserverait-il à leur amour, à leur confiance?

Le Gouvernement représentatif n'est qu'un Gouvernement *de famille*.

C'est ainsi que je crois pouvoir expliquer, et ces ménagemens délicats que l'on reproche si injustement à M. Decazes, et cette agitation pénible, qui, au moment où j'écris ces lignes (12 novembre 1819), semble universellement répandue; une telle agitation n'est point alarmante, parce qu'elle est vague, et se compose d'élémens contradictoires. Elle n'a besoin, pour être calmée, que de cette franchise constitutionnelle, qui est dans la volonté du Roi, et les intentions du principal dépositaire de son pouvoir. Ce qui distingue notre situation politique depuis le 5 septembre 1816, c'est que l'esprit de dissension ne peut plus s'appuyer que sur des apparences, et s'efforcer d'en faire des prétextes; mais il ne peut trouver, avec bonne foi, des raisons réelles et permanentes de mécontentement. Tout ce qui, depuis un demi-siècle, est réclamé par le Peuple Français, s'établit sans précipitation, mais avec certitude; l'État se rasseoit; la Constitution se fonde, et déjà, par anticipation, la liberté existe; voilà ce qui est de toute évidence; aussi l'on peut affirmer que, dans la conscience de tout homme éclairé, réside une confiance profonde, non-seulement pour la sagesse du Roi, mais encore pour le patriotisme, l'habileté, le zèle et la prudence de l'homme d'État dont il a daigné faire le confident de toutes ses pensées (1). Au terme de quatre ans d'une

---

(1) Le *Conservateur* et ses auxiliaires vont peut-être essayer de flétrir cet hommage; ils l'attribueront à des motifs personnels. Ils ont parlé des bienfaits de M. Decazes envers moi avec une affectation et une exagération qui ressemblent fortement à de l'envie; ils m'autorisent à leur dire qu'ils sont bien peu connaisseurs en caractères et en style, s'ils ne voient point, en moi, un homme

traversée singulièrement orageuse, le Pilote qui a soutenu la marche du vaisseau, qui l'a conduit enfin à une station où tous ses mouvemens sont doux et faciles, a certainement donné autant de témoignages de capacité, de vigilance, de courage, que peuvent en demander les passagers les plus exigeans ou les plus timides. Sans doute cette station provisoire n'est pas précisément le port; mais elle n'en est pas éloignée; et c'est là que, pour un dernier effort, le vaisseau se radoube, l'équipage s'exerce, le Pilote s'affermit.

Occupons-nous maintenant de l'Argonaute brillant, audacieux, téméraire, qui, à la tranquillité du port, préféra les tempêtes et les naufrages.

---

qui ne sait se dévouer que par conviction et par estime. Oui, M. Decazes est mon bienfaiteur. Chaque jour, ma femme et mes enfans s'unissent à moi pour le bénir. Mais si, dès le principe de son administration, je n'avais vu, en lui, le conciliateur de tous les intérêts, et le sauveur de la patrie, je ne me serais pas attaché à sa cause, et je n'aurais pas réclamé son appui.

JUGEMENT IMPARTIAL SUR NAPOLÉON.

LIVRE PREMIER.

Idée générale de son caractère.

CHAPITRE PREMIER.

S'il est une vérité attestée par l'histoire, c'est que la nature fait naître, dans tous les Etats civilisés, et aux grandes époques de leur existence, un ou plusieurs hommes extraordinaires, qui s'emparent de tous les mouvemens du peuple, et lui impriment un nouvel ordre de mouvemens. Selon la pente spéciale de leur caractère, plus ou moins favorisée par leur éducation, par leur position, et par les circonstances générales, ces hommes extraordinaires deviennent de grands poëtes, ou de grands philosophes, ou de grands législateurs, ou de grands conquérans.

L'histoire entière de l'espèce humaine n'a pas eu, et n'aura point d'époque plus mémorable, plus importante, que celle où se détermina la révolution française. La nature devait produire, à cette époque, l'homme le plus frappant, le plus extraordinaire ; elle produisit Napoléon.

Par un homme éminemment extraordinaire, il faut entendre, non celui dont toutes les qualités, ainsi que toutes les actions, mériteraient estime et reconnaissance, mais celui qui ayant dépassé en tout genre la mesure commune, a montré, par l'ensemble de ses projets, de ses actions, de sa conduite, l'union des qualités les plus brillantes, les plus généreuses, les plus salutaires, avec les défauts les plus prononcés, les plus funestes ; en sorte que, de chacun des mouvemens de sa vie, ses contemporains ont reçu un sujet d'admiration, ou un sujet d'épouvante, un immense dommage, ou un immense bienfait.

Ce n'est point l'histoire de Napoléon que j'entreprends ici ; il faut laisser ce grand sujet aux écrivains des générations prochaines ; ils connaîtront avec certitude tant de choses importantes sur lesquelles nous sommes encore dans le doute ou l'ignorance ; mais il est déjà, dans la vie politique de Napoléon, un assez grand nombre de points éclairés pour que nous puissions porter le jugement de la raison et de l'impartialité, le jugement de la philosophie sur son caractère, et sur les effets heureux ou malheureux, toujours saillans, toujours mémorables, que son action a produits.

Nous avons d'ailleurs un avantage qui sera refusé aux écrivains des générations prochaines; nous avons vu cet homme extraordinaire; il est de notre siècle, de notre âge, de notre histoire; nous avons été témoins, acteurs ou victimes, des mouvemens qui l'ont entraîné, et de ceux qu'il a imprimés; aujourd'hui que nos ressentimens s'apaisent, parce que nos maux s'effacent, nous pouvons être justes dans nos reproches; et aujourd'hui que l'exaltation de nos jeunes ans est dissipée, aujourd'hui que l'expérience nous a éclairés, nous pouvons être mesurés dans notre admiration; nous pouvons être justes dans notre reconnaissance.

Le caractère de Napoléon est empreint dans tous les actes de sa vie; c'est delà surtout que nous allons le faire ressortir; mais l'idée générale que l'on doit s'en former peut être donnée d'avance par ses lettres, par ses instructions secrètes, et surtout par le Mémoire que l'on a tant répandu. Ce Mémoire est, à mes yeux, un monument très-digne d'attention, et même de confiance; non que l'on puisse dire : Napoléon lui-même l'a écrit; on sait qu'il n'en est point l'auteur, et que même ce Mémoire ne nous est parvenu que mutilé; mais on sait aussi que le fonds en est authentique; que Napoléon l'a dicté, soit volontairement, soit à son insu, à un homme partageant sa retraite, et susceptible de recevoir fortement l'impression de son âme et de ses pensées ; ce Mémoire est d'ailleurs en harmonie trop remarquable avec sa vie entière, pour que l'on ne puisse le considérer comme son ouvrage. En effet, style haché, brusque, par fois étincelant, ce fut le sien ; il semble que des pensées, fortes d'origine, tombent à travers un crible, rejaillissent contre terre, et se dispersent en désordre ; des mots heureux et en abondance, d'excellens traits de fierté militaire ; souvent des idées profondes et des récits rapides, entrainans ; mais souvent un abandon qui dégénère en trivialité sèche ou puérile ; on voit le génie brut et de mauvais ton, qui se produit tel qu'il est, sans songer aux convenances ; des aveux que l'on ne demandait pas, que l'on était loin d'attendre, qui révèlent de grands torts, de grandes faiblesses, de grands crimes, et qui n'ont pas coûté le plus léger effort ; des sentimens de héros apparaissant, comme des pics élancés et isolés, sur un sol rocailleux et sans culture ; la sublimité du grand homme, la générosité du grand citoyen, fondues dans les passions du despote, et les mœurs du soldat ; en un mot, phénomène insensé, démence du génie, délire de la nature, roche dure et grossière incrustée de diamans : tel Napoléon s'est peint, et par ses actions et par son Mémoire ; je les consulterai ensemble ; je puiserai, dans ses actions et dans son Mémoire, le même genre de réflexions.

CHAPITRE II.

Ce que Napoléon nous a surtout appris, par son aveu et par toute sa conduite politique, c'est que « le monde a toujours été, pour lui, dans le *fait*, et non dans le *droit*. »

Ce qui voulait dire que, pour lui, il n'y avait de choses ayant droit que celles qui avaient existence, et par conséquent, que donner l'existence à une chose quelconque, c'est l'établir en droit.

Avec un tel principe, on n'est pas disposé aux égards, aux ménagemens; on n'a, dans la pensée, rien de timoré, et dans les actions rien de timide. Mais comme un tel principe ne contient qu'une demi-vérité, il conduit nécessairement, dans la pratique, à des résultats souvent funestes. En toutes choses, le Fait actuel est le produit d'une action dominante, qui, au même moment, tient en soumission, mais non en destruction, une réaction destinée à la soumettre à son tour, par conséquent à devenir, à son tour, un Fait actuel, une action dominante. Ainsi, ce qui n'est pas encore, mais ce qui est destiné à balancer ce qui est, doit exister d'avance, non en *fait*, mais en *droit*, dans la pensée de l'homme prudent et judicieux. L'homme qui néglige cette considération du *droit*, l'homme qui l'écarte, agit, en faveur du *fait*, bien au-delà de la mesure; et un jour se trouve inévitablement opprimé par le *droit*; c'est lui-même qui en a augmenté et précipité l'empire.

Napoléon ayant pour principe que le *Fait* constitue seul le *droit*, se trouvait naturellement porté à ne voir, dans les États, d'autre puissance que la puissance militaire; car il n'est que celle-là qui, aux yeux de tous les hommes, soit un Fait en action, en évidence; et il est certain que tout instrument, ou moyen de puissance, se réduit à une action militaire, à un emploi du soldat. Napoléon en avait conclu que tout ce qui commande doit être militaire; et, dès sa jeunesse, il s'était trouvé affermi dans cette conséquence en voyant combien d'anarchie, de malheurs et de fautes, naissaient de la suprématie accordée aux *Représentans du Peuple* sur les soldats et les généraux. Cette suprématie démagogique était, en effet, le contresens le plus fatal; car la nécessité principale de la force militaire dans un État dérive de la nécessité de réprimer sans cesse les envahissemens de la démagogie; mais il ne s'ensuit pas que toute direction de force doive être soumise à l'influence militaire; on sent, au contraire, que l'administration de la justice et celle de la fortune publique, sont essentiellement des fonctions civiles, empruntant seulement, pour la régularité de leur exercice, le secours du soldat. L'administrateur et le juge, en rapports immédiats avec les citoyens, doivent en avoir toutes les habitudes; ils doivent être exclusivement citoyens. Sous le gouvernement de Napoléon, presque toutes les fonctions publiques auraient fini par être militaires; car presque tous les hommes seraient passés par l'emploi de soldat.

Le caractère de l'homme est le fruit de son tempérament. Sa position ne le fait pas; mais elle le modifie ou le développe. C'est surtout pendant nos années de sensibilité naissante, d'acquisition et de croissance, pendant celles qui nous conduisent de l'enfance à la jeunesse, que nous éprouvons avec profondeur l'influence des hommes et des choses qui nous environnent.
De bonne heure, l'âme de Napoléon fut froissée par une peine cruelle : entouré de jeunes camarades, qui, presque tous, appartenaient à des parens plus riches ou plus généreux que les siens, il était soumis à des privations dont il se sentait fortement humilié. D'ailleurs, comme il n'avait point d'aménité, comme il était même arrogant, sombre, dédaigneux, il excitait souvent l'inimitié de ses camarades, rarement leur affection. Parmi ceux-ci, quelques-uns d'un caractère méchant et sans noblesse naturelle, lui reprochaient son origine, lui faisaient honte de son indigence, le poursuivaient d'odieux sarcasmes, l'irritaient jusques à la fureur; déjà alors, dans de telles occasions, il s'exprimait et il agissait

avec une grande énergie ; les dispositions qui lui restaient ensuite étaient l'amertume du ressentiment et les intentions de la vengeance.

Dans ses habitudes et ses jeux, il se montrait souvent emporté, surtout opiniâtre. L'opiniâtreté est la qualité principale des hommes qui sont destinés à exercer une grande domination ; cette opiniâtreté est ce qui les soutient dans leur action ascendante ; mais, lorsqu'elle n'est pas accompagnée d'un parfait jugement, c'est elle ensuite qui détermine et accélère leur chute.

Il est des hommes nés tyrans, qui entraînent, comme dans leur tourbillon, tous les hommes qui s'en approchent, et les soumettent à leurs propres mouvemens. Napoléon, dès son jeune âge, fut le plus marqué de ces despotes ; il restait seul ou commandait ; et l'on a vu, dans les temps postérieurs, que tout homme qui se liait à son sort, soit par intérêt, soit par enthousiasme, devait faire abnégation de tout penchant, de toute volonté, même de toute opinion.

Souvent, il jetait ses camarades, ses maîtres même, dans la stupeur de l'étonnement ; et ce mode d'impression est celui dont il a le plus usé dans le cours de sa vie. Il y a, dans l'étonnement, une puissance qui d'abord rend immobile ; ce qui prépare, pour l'instant qui suit, à d'impétueux mouvemens.

Mais si déjà il fallait, auprès de lui, s'étonner et obéir, il fallait s'abstenir de toute inclination obligeante; car c'était se signaler son supérieur. Que de puissance était réservée à un tel homme ! mais que de plaisirs doux et tendres devaient à jamais lui être interdits !

CHAPITRE III.

On trouve dans un ouvrage imprimé à Leyde en 1800, la note suivante sur Napoléon; le directeur de l'École militaire l'avait fournie; il paraît qu'elle fut recueillie par Mme de Staël :

« Napoléon Bonaparte, Corse de nation et de caractère, jeune homme à part, studieux, dédaignant le plaisir pour le travail, ami de lectures importantes et sévères, appliqué aux sciences exactes, mixte pour les autres, fort en mathématiques, bon géographe, taciturne, solitaire, bizarre, dédaigneux, égoïste et tenace à l'excès, parlant peu, froidement, laconique, dur en répartie et difficile à vivre, d'un amour-propre excessif, ambitieux, jaloux, et tout en espérances. Ce jeune homme est à protéger et à surveiller. »

Dans ce portrait si bien tracé, on voit les traits primitifs et fondamentaux de l'homme qui devait un jour exercer sur ses contemporains et sur les événemens l'autorité la plus formidable. Le dernier trait : *tout en espérances*, annonce que, par caractère, il était à la fois concentré et impétueux; son application aux sciences exactes montrait d'avance que toute l'application de son esprit serait pour les choses démontrées, positives, pour les faits clairs et précis, qu'il repousserait ou mépriserait toutes ces notions vagues, indécises, quelquefois cependant si pleines de vérités, surtout d'attraits et de charmes, que l'imagination révèle au sentiment.

Il arriva de là que, pendant son enfance et sa jeunesse, la littérature, la philosophie, la science même de l'histoire, et la connaissance raisonnée de la nature humaine, n'avaient pu trouver place dans son âme : aussi, lorsque les événemens le portèrent, pour la première fois, sur la scène du monde, il n'avait rien médité, rien projeté ; la révolution, déjà en action violente, le saisit brusquement, le lança, comme un vaisseau de haut-bord, sur une mer forcée de le recevoir, de se prêter à ses manœuvres, de se laisser maîtriser par le courage du pilote ; l'agitation même de cette mer, ainsi que les écueils dont elle se trouva remplie, portèrent le développement de ses forces au plus haut degré d'énergie ; et ce développement ne fut jamais que la satisfaction d'un besoin, par conséquent ressembla toujours à une jouissance.

Ainsi, dans la politique de Napoléon, dans ses plans, ses conceptions, comme dans ses mouvemens et son langage, il faut principalement chercher la force ; dans son élévation immense, il faut voir la force qui triomphe, dans sa chute épouvantable la force qui s'écrase, dans toute son existence la force en irruption et en tumulte. La force du Vésuve, si éclatante, si terrible, si féconde en ravages et en bienfaits, est l'image de la force de Napoléon.

Dans l'homme, comme dans les choses inanimées, lorsque la force est extrême, elle est nécessairement accompagnée d'inflexibilité et de rudesse. A ce degré, on peut être rompu par l'effort opposé d'une puissance supérieure ; mais on ne plie pas.

Cette inflexibilité, caractère dominant de Napoléon, lui a donné, d'une part, les moyens de surmonter des résistances énormes, d'un autre côté, l'a entraîné à affronter des résistances invincibles, et, dans le cours habituel de sa vie, a prévenu, entre lui et ses semblables, ces rapports mutuels, cet échange de liens, qui font le ciment de l'humanité. Il a dit de lui-même : je n'ai ressemblé à personne ; j'ai été, par ma nature, toujours isolé.

Il a dit encore : je n'ai jamais eu, avec la multitude, cette communauté de sentimens qui produit l'éloquence des rues ; je n'ai jamais eu le talent d'émouvoir le peuple.

La privation de ce talent résultait des causes même qui produisaient son isolement. Aussi, ce n'était pas seulement l'éloquence populaire qui lui manquait ; dans toute situation, et en présence d'un auditoire quelconque, il aurait également manqué, et de l'éloquence qui émeut, et de celle qui persuade ; mais on sent qu'il devait avoir naturellement l'éloquence qui frappe et qui commande, l'éloquence militaire ; et, en ce genre, il a laissé en effet des modèles qu'il n'avait point reçus, et qui, peut-être, ne seront pas imités.

L'inflexibilité d'un caractère impétueux est nécessairement compagne de la fermeté dans la volonté, et de la brusquerie, de l'emportement dans les décisions ; les momens donnés à l'hésitation ne peuvent être alors que très-courts, très-rares ; par conséquent, peu de cette puissance d'imagination qui rassemble, sur un même sujet, tous les possibles, et qui invite le jugement à en tenir compte.

Mais cette brusquerie de résolution explique, en grande partie, les succès de Napoléon à la guerre et en politique. Tant qu'il y a habitude et possibilité de prendre les choses d'assaut, l'habileté est presque inutile.

Ajoutons cependant, pour expliquer les succès de Napoléon à la guerre et en politique, une considération importante. Lorsque les hommes sont rassemblés, il y a deux moyens immenses de les faire mouvoir : ces deux moyens sont la discipline et l'enthousiasme. Par l'une, on établit à la fois le niveau de l'égalité, le lien de la subordination ; par l'enthousiasme, on offusque la raison, et l'on éteint la prudence.

Napoléon, naturellement inflexible, devait savoir, mieux que personne, discipliner, non-seulement une armée, mais un peuple ; et plein de véhémence, de courage, d'énergie, qualités toujours saillantes, lors même qu'elles sont fatales, il pouvait, mieux que personne, frapper d'enthousiasme une armée et un peuple que déjà il avait rendus obéissans.

Les hommes dont le caractère est très-fort, très-résolu, ont, dans toutes leurs actions, un but prononcé, dramatique; mais comme déjà ils dévorent ce but dans leur pensée, il leur est très-difficile de bien arrêter le plan qui doit les y conduire; aussi, ils font mal, d'ordinaire, ce qui ne peut être bien fait qu'à l'aide du temps; ils ne réussissent pleinement que dans ce qu'il est bon d'emporter de force et de vitesse. De là résulte, en eux, une inclination qui bientôt se change en habitude; c'est celle de croire que la vitesse a, sans inconvénient, l'avantage d'économiser le temps, et que, pour venir à bout de tout, il ne faut jamais que force et promptitude.

A l'inflexibilité du caractère, et au besoin de réussir par les voies les plus rapides, tiennent immédiatement la témérité personnelle, et la dureté profonde pour les maux d'autrui; lorsque l'on s'anéantit soi-même devant le but auquel on aspire, peut-on tenir compte des hommes, de leurs fatigues, de leurs dangers?

D'ailleurs, les âmes qui dépassent un certain degré d'énergie, prennent, en quelque sorte, un caractère ressemblant à celui des lois naturelles qui, sans égard pour les individus, ne sont attentives qu'à la conservation des espèces. L'âme de Napoléon était de cette trempe; habituellement impassible. Cependant, cette impassibilité ne doit pas être confondue avec la cruauté et la barbarie. Napoléon était dur, parce qu'il n'était jamais frappé que du but et des résultats; mais il n'était point méchant; il était trop fort pour être méchant. N'a-t-il été aimé de personne? n'a-t-il jamais eu, auprès de lui, des hommes estimables, qui lui étaient profondément dévoués? A combien d'accusations ne répondrait pas l'attachement d'un seul homme comme le général Drouot?

CHAPITRE IV.

Tous les contrastes s'enchaînent et se produisent dans les hommes d'un caractère à la fois vaste et emporté. On sait que Napoléon réunissait le courage le plus impétueux à un amour extrême pour la vie ; son courage venait de son ardeur ; son amour pour la vie venait du sentiment de ses forces, et de la profonde persuasion où il fut de bonne heure qu'il avait une très-grande destinée à remplir.

Voici une autre réunion de qualités extrêmes : tant que Napoléon se possédait, son langage était, comme lui-même, concentré, par conséquent laconique ; aussitôt que la concentration avait dépassé ses limites, tout s'épanchait avec la violence d'un torrent ; il était alors d'une loquacité et d'une indiscrétion sans mesure ; il révélait les choses les plus importantes ; c'est ainsi que d'avance il fournissait, contre lui-même, des armes terribles, et dirigeait les attaques que ses ennemis cherchaient à lui livrer.

Mais comme, dans l'habitude de la vie, il jouissait, au degré le plus éminent, de la puissance de concentration, cette puissance lui donnait une faculté très-remarquable, c'était de pouvoir maîtriser toute son attention; et, au milieu même des circonstances les plus compliquées, les plus critiques, de pouvoir la faire porter toute entière sur l'objet particulier qu'il voulait examiner; chacune des affaires dont il s'occupait semblait être la seule qui dût lui être présentée; chacune, à son tour, l'absorbait sans partage; merveilleuse réunion de force et de mobilité.

L'image frappante de cette mobilité et de cette force était présentée par son humeur et sa physionomie. D'un jour à l'autre, et souvent d'un moment à l'autre, il se montrait successivement gracieux et sombre; dans le premier cas, plein de vigueur, d'une santé fraîche et brillante; dans le second, son regard était terrible, sa couleur effrayante; il semblait dévoré par des maux acharnés et profonds : tout en lui était véhémence.

Aussi, de toutes les représentations théâtrales, il n'aima jamais que la tragédie; là seulement il pouvait voir en exercice la violence, la force et la passion.

Et il fut susceptible de toutes les passions humaines. N'est-ce pas une organisation extraordinaire, que celle de l'homme capable à la fois de poursuivre sans frémir les projets les plus durs, les plus inhumains, et d'être profondément sensible aux charmes d'un aimable caractère, d'une politesse noble et simple, de toutes les qualités qui inspirent aux âmes généreuses de la confiance et de l'amour? Napoléon aima réellement Joséphine.

Cependant, nous le verrons dans la suite, et cet amour même, et tous ses penchans furent subordonnés à l'ambition. Dans un homme d'un caractère à la fois impétueux et inflexible, l'ambition est nécessairement l'impulsion native et habituelle; et lorsqu'il a beaucoup plus de force et d'audace que de sensibilité et de prévoyance, c'est une ambition exaltée qui constamment le remplit et l'agite; elle lui fait mettre son plaisir à braver les obstacles qu'il découvre, et à dédaigner ceux qu'il ne fait que pressentir.

Ce dessin général du caractère de Napoléon étant tracé, il me semble que nous allons maintenant parcourir avec ordre et juger avec équité les principaux traits de sa vie. C'est surtout de la trempe extraordinaire de son âme que nous ferons découler l'explication de sa conduite, mais nous ne négligerons pas de combiner les effets naturels de son caractère avec ceux de la situation toujours critique, toujours agitée, toujours extraordinaire, que traçaient, autour de lui, les hommes, les circonstances et les événemens.

LIVRE SECOND.

Son élévation.

CHAPITRE PREMIER.

Dès le début de sa carrière, Napoléon jeté dans la foule, au sein d'une ville immense, que toutes les passions agitaient, y fut témoin d'un spectacle à la fois très-désordonné et très-violent; ce qui devait singulièrement renforcer toutes ses dispositions naturelles.

Selon toute vraisemblance, il n'avait pas d'opinion arrêtée, lorsque la révolution commença; il n'avait pas encore vingt ans; cependant quelques personnes lui font honneur d'avoir offert ses services à M. de Montmorin, en lui adressant un projet conçu avec beaucoup de vigueur, et qui, s'il avait pu être exécuté dans toute son étendue, aurait prévenu les horreurs de la révolution, en la faisant à main armée, et par l'autorité royale. Le caractère que Napoléon montra, dès ses premières années, porte sans doute à croire qu'il était naturellement partisan de l'autorité ; il était né guerrier, et tout guerrier veut que l'on commande ; mais, comme nous l'avons dit, tous les contrastes s'alliaient dans cette âme si impétueuse ; et, quoique très-avide d'autorité, ou même parce qu'il en était très-avide, il ne devait supporter celle d'autrui qu'avec une extrême impatience. Tous les contrastes d'ailleurs forment aussi le caractère des peuples que les révolutions agitent ; les républicains les plus fiers sont les jeunes gens en qui s'élèvent, à leur insu, les idées et les inclinations du despotisme.

Après avoir assisté, comme simple observateur, aux premières scènes de la révolution, après avoir confusément appris, en suivant les séances de la convention, ce que les organes d'une faction en délire peuvent provoquer de désordres, d'absurdités et de crimes, Napoléon fut envoyé, comme chef de bataillon d'artillerie, au siége de Toulon ; c'est là que commencèrent son élévation et sa renommée. On sait que, par ses talens, sa bravoure, le plan qu'il donna, et dont l'exécution lui fut confiée, il eut une influence décisive sur la reddition de cette place importante. Ce fut d'autant plus un coup de fortune que tous les revers, au contraire, devaient être attendus. « Jamais, dit-il, armée ne fut plus mal conduite que la nôtre ; on ne savait qui la commandait ; les généraux ne l'osaient pas, de peur des représentans du peuple ; ceux-ci avaient encore plus peur du comité de salut public. »

.... « La place fut évacuée, et d'une manière effroyable ; nous avions bien mérité de la patrie ; on me fit général de brigade ; je fus employé, dénoncé, destitué, balotté par les intrigues et les factions ; je pris en horreur l'anarchie qui était alors à son comble, et je ne me suis jamais raccommodé avec elle ; ce gouvernement massacreur m'était d'autant plus antipathique qu'il était absurde, et se dévorait lui-même : c'était une révolution perpétuelle, dont les meneurs ne cherchaient pas même à s'établir d'une manière permanente. »

Dans de telles circonstances, l'idée politique à laquelle un tel homme devait s'arrêter, même sans y réfléchir, et par instinct de raison autant que de caractère, était celle d'un besoin général de stabilité fondée sur l'unité, la force, et la discipline ; ce qui est le type d'une constitution militaire.

Napoléon arrivant à Paris après le siége de Toulon, et y arrivant en soldat oisif, en général destitué, en citoyen énergique, molesté par l'anarchie, ne pouvait long-temps chercher sa place ; elle était naturellement à la tête de tout mouvement destiné à soumettre l'incohérence populaire à la subordination du soldat.

Il débuta par le 13 vendémiaire, journée assurément très-remarquable. Deux petites pièces de canon et une poignée d'hommes, dirigés militairement, c'est-à-dire, avec ordre et sans hésitation, étouffèrent, dès sa naissance, une contre-révolution à qui rien ne manquait de ce qui pouvait la rendre civique et imposante. En dix minutes, une opinion très-libérale, mais sans opportunité, noblement soutenue par des hommes nombreux, estimables, mais sans prévoyance, sans chef et sans appui, fut foudroyée, anéantie. La révolution, dès le jour même, reprit sa marche prononcée, et, en ce moment, nécessaire; elle fit un grand pas vers la force véritable, vers la force de l'ordre et de l'union.

La reprise de Toulon avait commencé la fortune militaire de Napoléon; la journée du 13 vendémiaire commença sa fortune politique; elle montra qu'il savait trancher dans le vif en homme dur et résolu. Dès ce moment, chaque faction dut rechercher l'appui d'un tel homme; et c'est surtout cet empressement des factions à se le disputer, à se l'arracher, qui lui donna les moyens de les briser les unes par les autres, et ensuite de les asservir.

Mais à la suite du 13 vendémiaire, cette destinée de Napoléon était encore ignorée, et de ses contemporains et de lui-même: « Je n'avais, dit-il, d'autre ambition que celle de faire la guerre dans mon nouveau grade; mais, comme le parti vainqueur était inquiet de sa victoire, il me garda à Paris malgré moi. »

Ainsi ce parti vainqueur, et c'était celui des républicains, se mettait déjà tacitement sous la protection du soldat, par conséquent du despotisme: témoignage frappant de la production réciproque des choses opposées.

« Je restai désœuvré sur le pavé de Paris ; je n'y avais pas de relations ; *je n'avais aucune habitude de la société*, et je n'allais que dans celle de Barras, où j'étais bien reçu ; c'est là où j'ai vu, pour la première fois, ma femme, qui a eu une grande influence sur ma vie, et dont la mémoire me sera toujours chère. »

« Je n'étais pas insensible aux charmes des femmes ; mais jusqu'alors elles ne m'avaient pas gâté, et *mon caractère me rendait timide auprès d'elles*. Madame de Beauharnais est la première qui m'ait rassuré : elle m'adressa des choses flatteuses sur mes talens militaires, un jour où je me trouvai placé auprès d'elle ; cet éloge m'enivra ; je m'adressai continuellement à elle, je la suivais partout, j'en étais passionnément amoureux, et notre société le savait déjà que j'étais encore loin d'oser le lui dire. »

J'ai cru devoir transcrire ce passage ; c'est un document précieux pour l'histoire du cœur humain. L'homme qui devait un jour maîtriser la société entière, n'ayant, dans sa jeunesse, aucune habitude de la société ! Le jeune homme que la nature devait conduire, par l'audace et l'impétuosité, à l'exercice le plus fort de la domination la plus étendue, timide devant les femmes, passionnément amoureux, et n'osant le dire ! voilà qui semble disparate, et qui est en harmonie. Tout jeune homme d'un tempérament très-énergique est brûlant en amour ; long-temps avant ce que l'on appelle le bonheur, il jouit avec une émotion profonde : or, pendant toute la durée d'une émotion profonde, on est absorbé par ses causes; on ne peut ni parler ni agir.

CHAPITRE II.

A cette époque où Napoléon essayait sa destinée, le Directoire, gouvernement essentiellement inconséquent, parce qu'il n'était point en harmonie avec l'état des choses, s'efforçait de s'y mettre, et, pour cela, d'acquérir la puissance d'opinion. Il avait besoin de succès pour faire son crédit; étrange besoin, qu'il ne pouvait satisfaire par lui-même, et qui, nécessairement, devait le mettre dans la dépendance de l'homme, ou des hommes qui le satisferaient!

Pour conserver le plus long-temps possible sa précaire existence, le Directoire avait placé à la tête de l'armée principale, de l'armée d'Italie, un homme d'une incapacité extraordinaire. Pour conserver l'existence de la France, il fallait se hâter de remplacer le général Schérer par un homme ferme, audacieux et habile; Napoléon fut choisi.

Mais il avait trop de sagacité pour ne pas pénétrer les motifs, les vrais sentimens, les craintes des Directeurs, et pour ne pas pressentir la destinée qu'ils lui réservaient, s'ils pouvaient rester les maîtres de profiter uniquement de ses victoires : aussi, en partant pour la guerre d'Italie, Napoléon, plein à la fois de mépris et d'irritation contre ce simulacre de gouvernement, qui cependant lui servait de marche-pied, se promit bien de mettre, à quelque prix que ce fût, un abîme de renommée entre lui-même et tout ambitieux subalterne dont il offusquerait la puissance.

En arrivant à Nice, il trouva une cohue d'hommes sous le nom de soldats, mais point d'armée ; des généraux braves et expérimentés, mais découragés par les revers, et encore plus par la situation déplorable de leur patrie. Il fallut tout créer : confiance, discipline ; et se passer de vêtemens, de vivres, de matériel, en attendant que l'ennemi pût en fournir. Napoléon fit tout céder à l'ascendant de la résolution, de l'activité, de l'audace ; ajoutons, de la violence et de l'inhumanité ; car c'est alors qu'il fit le premier essai de cette tactique terrible, dont le principe était : succès effrayant et rapide, n'importe le prix. Ses armées furent converties en torrens ; elles se précipitèrent avec une aveugle furie, ne tenant aucun compte de la mort, semant partout, et leurs débris et l'épouvante : un seul ordre leur était donné ; c'était de dévorer le temps.

Mais ne l'oublions pas ; cette impétuosité de Napoléon, rendue nécessaire par les circonstances, se montrait accompagnée en lui de tout ce qui caractérise le génie militaire. J'emprunte le tableau suivant à la belle Histoire de Venise, par M. le comte Daru : on y prendra une idée des droits de Napoléon aux succès les plus extraordinaires.

« A Venise, on prit l'apparition du maréchal de Wurmser pour le signal de la délivrance de l'Italie; ses succès y excitèrent une joie inexprimable. On vit le bas peuple s'abandonner aux excès d'une haine imprudente; et les Esclavons, qui composaient la garnison de cette capitale, non moins empressés de faire éclater des passions qui flattaient celles de leurs maîtres. Ils se répandirent sur les places, dans tous les lieux publics, en vomissant des imprécations contre les Français, poursuivirent ceux qui osaient paraître, leur arrachèrent la cocarde, et la foulèrent aux pieds. Ils imaginèrent de pénétrer dans les maisons, et d'aller demander de l'argent pour prix des meurtres qu'ils allaient commettre. Les asiles où le jeu, les femmes, la musique, rassemblaient les indolens citoyens de Venise, étaient tout à coup envahis par une populace ou une soldatesque effrénée, qui venait promettre des têtes; et le sybarite opulent, la femme voluptueuse, interrompaient leurs plaisirs pour applaudir à des fureurs, et payer d'avance des assassinats. »

« Cependant l'irrésistible fortune de la France allait confondre ces odieux projets. »

« La marche de cette division, qui menaçait la Lombardie, ne laissait pas le temps au général français de rassembler ses troupes, pour livrer bataille aux Autrichiens à la vue de Mantoue. Se trouvant entre les deux corps ennemis, il replia ses postes avec toute la diligence que permettait une attaque imprévue, et conçut le projet de combattre ces deux corps l'un après l'autre. Par une de ces résolutions qui n'appartiennent qu'aux capitaines qui savent oublier un grand projet pour en exécuter un plus grand, il lève dans la nuit le siége de Mantoue prête à capituler, abandonne toute son artillerie de siége dans les tranchées, jette son armée sur la rive droite du Mincio, détache un corps pour aller reprendre les défilés à l'ouest du lac de Garda, marche sur la division qui avait débouché de ce côté, l'attaque à Brescia, à Castiglione, à Lonado, tandis que le général Masséna pousse les Impériaux vers le lac. Cette division autrichienne errait sans être toutà-fait détruite, cherchant à se rallier au corps d'armée, qui, déjà sur la rive du Mincio, se déployait devant Castiglione. Il fallait se jouer du temps, des obstacles et des distances, pour achever de détruire ce corps avant d'être obligé de se retourner vers l'armée de Wurmser. La fortune fit arriver les restes de cette division devant Lonado, au moment où le général français venait d'y entrer avec une poignée de monde. Les Autrichiens, impatiens de passer, pour se joindre au maréchal de Wurmser, envoient sommer le commandant de Lonado. Bonaparte fait débander les yeux au parlementaire, se montre, et lui enjoint d'aller dire à ses chefs, que s'ils ont la présomption de vouloir prendre le général de l'armée d'Italie, ils n'ont qu'à avancer ; qu'ils doivent savoir qu'il est là avec toutes ses troupes, et qu'eux-mêmes sont prisonniers. Ils veulent parlementer, on refuse toute conférence ; ils demandent du temps ; le général ne leur donne que quelques minutes ; et quatre mille hommes, qui pouvaient le prendre, mettent bas les armes. »

« Alors, débarrassés de cette division ennemie, les Français se mirent en marche le soir même, pour aller à la rencontre du corps d'armée autrichien. Le lendemain on l'aperçut entre Castiglione et le Mincio. Là se livra une bataille qui rendit aux Français la possession de l'Italie prête à leur échapper. Peu de jours après, on reprit le blocus de Mantoue. »

Devant un guerrier si audacieux, si résolu, et créateur de ressources si promptes, si abondantes, tout plia, non cependant sans résistance. « Les Autrichiens, dit-il, firent des efforts incroyables pour reprendre l'Italie ; je fus obligé de défaire cinq fois leurs armées pour en venir à bout. »

Et voilà tout son récit ! Que cette concision est bien le style de l'homme dont nous venons de voir l'action si rapide, si énergique ! point de détails ; seulement la succession des résultats ; il ne lui faut aujourd'hui que quelques lignes pour ce qui fournira des volumes à l'histoire. C'est qu'il en est maintenant de sa mémoire pour les choses faites, comme il en fut autrefois de son imagination pour les choses à entreprendre. But et effet, c'est tout ce qui pouvait séjourner dans la pensée d'un homme si fort et si violent.

CHAPITRE III.

Napoléon, jusqu'à sa première conquête, celle du Piémont, ne fit que suivre sa destinée, sans la connaître encore; il commença à l'entrevoir, lorsque n'étant plus qu'à neuf lieues de Turin, « il reçut un aide-de-camp qui venait lui demander la paix. »

Que, dans une telle circonstance, on se mette à la place d'un jeune homme, vainqueur d'un souverain, et au nom d'une république sans chef, sans constitution, dont il fait seul, en ce moment, l'éclat et la puissance, on concevra la vérité de ces paroles :

« Je me regardai alors, pour la première fois, non plus comme un simple général, mais comme un homme appelé à influer sur le sort des peuples. Je me vis dans l'histoire. »

A ces mots frappans, ajoutons ceux qui suivent : « Cette paix changeait mon plan; il ne se bornait plus à faire la guerre en Italie, mais à la conquérir. Je sentais qu'en élargissant le terrain de la révolution, je donnais une base plus solide à son édifice; c'était le meilleur moyen d'assurer son succès. »

Ainsi, le voilà maintenant général d'une armée triomphante, avec le but d'étendre militairement la révolution française. Il s'explique bientôt avec plus de clarté : « Maitre de l'Italie, dit-il, il fallait y établir le système de la révolution, afin d'attirer ce pays à la France par des principes et des intérêts communs ; c'est-à-dire qu'il fallait y détruire l'ancien régime, pour y établir l'égalité, parce qu'elle est la cheville ouvrière de la révolution. J'allais donc avoir sur les bras le clergé, la noblesse, et tout ce qui vivait à leur table ; je prévoyais ces résistances, et je résolus de les vaincre, par l'autorité des armes, sans ameuter le peuple. »

Cet objet fut rempli. La république cisalpine fut constituée, république véritable, parce que l'égalité y était à la fois protégée et réprimée par l'armée étrangère qui l'avait donnée, et par le chef qui avait intérêt à la soutenir. Ainsi, tandis que l'anarchie et la servitude étaient en France où Napoléon ne commandait pas, l'ordre, la tranquillité, et la révolution s'établissaient en Italie, sous la tutelle de Napoléon et des Français. Napoléon était excusable de ne croire à la possibilité des républiques, que sous l'égide du soldat.

Bientôt, il reçut la preuve qu'en élargissant ainsi les bases de la révolution française, il servait essentiellement la France ; car sa conduite politique et militaire en Italie ayant assuré ses succès en Autriche, il signa, à la vue de Vienne, le traité de Campo-Formio.

« Ce fut, dit-il, et avec raison, un acte glorieux pour la France. »

Ce fut aussi un acte décisif pour sa destinée : il en retira de grands droits ; et il y puisa, au profit de son ambition et de son courage, le juste sentiment d'une très-grande influence.

Reconnaissons même qu'à cette époque brillante de sa carrière, son influence fut fondée en partie sur une noble considération personnelle, et qu'il se donna de vrais droits à une telle considération. L'histoire recueillera, et les faveurs franches, quoique dangereuses, qu'il accordait aux émigrés français, et la lettre qu'il écrivit au prince Charles. Cette lettre, d'un style si plein d'abondance, de simplicité, de vérité, démontre que Napoléon n'avait pas même alors d'ambition fixe, et était loin de former des projets gigantesques. Libre encore de sa destinée, il se livrait à cette alternative de mouvemens disparates qui trament avec bizarrerie l'existence des hommes impétueux ; il écrivait à l'illustre prince qu'il combattait :

« Les braves militaires font la guerre et désirent la paix. L'Europe, qui avait pris les armes contre la république française, les a posées. Votre nation reste seule ; et cependant le sang va couler. Cette sixième campagne s'annonce par des présages sinistres. Quelle qu'en soit l'issue, nous tuerons, de part et d'autre, quelques milliers d'hommes de plus ; et il faudra bien qu'on finisse par s'entendre, puisque tout a un terme, même les passions humaines.

» Le Directoire de la république française avait fait connaître à Sa Majesté l'Empereur le désir de mettre fin à la guerre qui désole les deux peuples. L'intervention de la cour de Londres s'y est opposée. N'y a-t-il donc aucun espoir de nous entendre? et faut-il, pour les intérêts ou les passions d'une nation étrangère aux maux de la guerre, que nous continuions à nous entr'égorger? Vous, monsieur le général, qui, par votre naissance, approchez si près du trône, et êtes au-dessus de toutes les petites passions qui animent souvent les ministres et les gouvernemens, êtes-vous décidé à mériter le titre de bienfaiteur de l'humanité, et de vrai sauveur de l'Allemagne? Ne croyez pas, monsieur le général, que j'entende par là qu'il ne soit pas possible de la sauver par la force des armes; mais, dans la supposition que les chances de la guerre vous deviennent favorables, l'Allemagne n'en sera pas moins ravagée. Quant à moi, si l'ouverture que j'ai l'honneur de vous faire peut sauver la vie à un seul homme, je m'estimerai plus fier de la couronne civique que de la triste gloire qui peut revenir des succès militaires. »

Et l'homme qui, en ce moment, écrivait ainsi avec une sincérité évidente, était habituellement avide de combats, n'attachait son affection principale qu'à la gloire militaire, et, en faveur des grands succès, comptait pour rien les grandes destructions !

On ne saurait trop le répéter : les hommes du caractère le plus saillant ne sont autre chose que ceux qui passent avec la succession la plus précipitée par les plus saillans contrastes.

Napoléon, négociateur plénipotentiaire du traité de Campo-Formio, montra, malgré sa jeunesse, les hautes pensées de l'homme d'état. Cependant, en cette circonstance si importante pour son élévation et pour sa gloire, il fonda, pour l'avenir, des préventions funestes. Encore nouveau sur la grande scène du monde, entré de génie ou de force, et non par étude, par apprentissage, dans le domaine de la haute diplomatie, il n'en connaissait point la tactique particulière. Là, il y a souvent des défauts à ménager, des faiblesses même à caresser ; des résolutions du plus grand intérêt tiennent quelquefois à de si petites circonstances ! Napoléon, par ses formes et son langage, laissa entrevoir que, semblable à Alexandre, il en viendrait un jour à ne se débarrasser des nœuds qu'à coups d'épée. C'est ce que les vieux observateurs recueillirent tacitement.

CHAPITRE IV.

Pendant que Napoléon était fortement occupé en Italie, une nouvelle contre-révolution fut tentée à Paris; ce n'était qu'un dédoublement de celle qui avait échoué le 13 vendémiaire; Napoléon ne pouvait que la traverser; il l'étouffa par intermédiaire; et aujourd'hui, l'expérience et la réflexion nous autorisent à dire qu'en cette circonstance, comme au 13 vendémiaire, ce fut l'anarchie qu'il étouffa. Une contre-révolution pleine et entière étant impossible, tout modérateur qui aurait voulu seulement résister à la marche prononcée de la révolution, n'aurait pu que l'irriter. Il n'y avait plus de milieu: la révolution devait s'avancer avec ordre ou avec violence; avec ordre, si elle était protégée par la force du soldat; avec violence, si la force du soldat étant enchaînée, elle rentrait sous l'autorité de démagogues, indécis par faiblesse, atroces par frayeur. Dans l'extrême fermentation où étaient encore tous les intérêts et toutes les idées, on ne pouvait secouer le joug de la discipline qu'en passant sous le fléau de la terreur.

Au reste, si je ne crains pas de condamner ainsi les

mouvemens qui se préparèrent avant le 18 fructidor, c'est que j'ai pris part à ces mouvemens, et que j'ai été du nombre de leurs victimes. A cette époque, je m'irritais, comme tous les autres proscrits, de ce que Napoléon nous empêchait d'arrêter le torrent révolutionnaire; et je ne voyais pas qu'aucune digue, en ce moment, ne pouvait être construite; que, dans la situation des choses et des esprits, toute institution essentiellement monarchique était impossible; que, par exemple, la formation d'une pairie héréditaire aurait rencontré des obstacles invincibles; que le Monarque, privé d'un appui si nécessaire, ne pouvant d'ailleurs saisir encore l'initiative des lois, et certainement encore, ne pouvant non plus arracher l'élection directe aux suffrages de la multitude, en un mot, ne pouvant, en aucune manière, fonder une vraie constitution, aurait succombé de nouveau, et en très-peu de temps, sous les envahissemens de la démocratie; ce qui nous aurait rendu l'anarchie et toutes ses fureurs. La révolution avait besoin d'être faite, et en même temps maîtrisée, ce qui rendait inévitable, désirable même, la puissance d'un révolutionnaire soldat.

CHAPITRE V.

Les hommes qui composaient le Directoire, et généralement tous les chefs de faction, étaient trop pénétrans pour n'avoir pas aperçu, dès le principe, que l'ambition de Napoléon était dominatrice, exclusive; et une telle ambition n'avait pu être que fortifiée, exaltée par d'immenses succès. De son côté, il ne pouvait les croire dans l'illusion à son égard, et jamais il n'avait eu cette pensée ; ainsi, comme nous l'avons dit, il fallait qu'il les enchaînât pour n'en être pas étouffé. Il paraît que ses premières campagnes d'Italie ne furent pas suffisantes, à ses yeux, pour lui donner l'ascendant et la force nécessaires ; mais, par le traité de Campo-Formio, la France n'était plus en lutte qu'avec l'Angleterre, et celle-ci, comme il le dit, n'offrait pas un champ de bataille : on ne pouvait plus se battre sur le continent.

C'est alors qu'il manifesta toute la saillie de son imagination et toute l'audace de son caractère.

L'expédition d'Égypte, entreprise avec l'intention de fonder, sur les bords de la Méditerranée, une grande colonie française, et d'y préparer les moyens, soit indirects, soit immédiats, d'arracher aux Anglais le sceptre de l'Inde, eût toujours formé une conception gigantesque, mais d'une politique éminente ; et c'est ainsi, vraisemblablement, qu'elle fut considérée par les Anglais, car ils en furent profondément alarmés.

Mais ce n'est pas ainsi que Napoléon l'avait imaginée. « Il fallait, dit-il, fixer l'attention pour rester en vue ; et tenter, pour cela, des choses extraordinaires, parce que les hommes savent gré de les étonner. »

Ici, c'est Napoléon lui-même qui est fasciné et rabaissé par le prestige ; c'est lui qui, par caractère, se montre dévoré du besoin de faire des choses étonnantes ; et ce besoin, en ce moment, non-seulement opprimait sa raison, mais encore trompait son ambition. L'homme qui déjà s'était vu dans l'histoire, en signant le traité de Campo-Formio, qui alors s'était senti appelé à influer sur le sort des peuples, se jetait en aveugle sur une plage meurtrière, et formait une entreprise beaucoup plus que téméraire, à laquelle il était à peu près impossible qu'il ne finît par succomber ! Ce n'est pas en s'immolant presqu'à coup sûr que l'on reste en vue ; ce n'est pas en se précipitant dans un gouffre que l'on s'avance vers le poste d'où l'on pourra influer sur le sort des peuples ; ce n'est pas surtout en s'éloignant de la France, livrée à toutes les causes d'affaiblissement et de discorde ; ce n'est pas en entrainant loin d'elle sa seule flotte et sa meilleure armée, que l'on peut servir la cause de sa tranquillité et de sa révolution. Napoléon, dans cette circonstance, oublia tout projet, tout avenir, toute prudence; il ne montra que le délire d'une tête impétueuse, prodigieusement avide de mouvemens extraordinaires, beaucoup plus séduite par l'attrait des fatigues, de l'éclat, du danger, qu'effrayée par l'extrême difficulté des résultats, et par l'immensité des sacrifices; il ne pensa et agit qu'en fabuleux aventurier.

Son plan était de renouveler l'empire d'Egypte et celui de Jérusalem, d'élever sur leurs territoires la civilisation, les sciences et les arts de l'Europe. Ce qui le prouve, c'est le soin qu'il avait pris de se faire accompagner d'un grand nombre d'hommes remarquables dans tous les genres d'industrie et de connaissances européennes.

Un tel plan, indépendamment des obstacles qui devaient naître de la politique anglaise et de la violation du droit des gens, n'était qu'une grande et funeste chimère. Napoléon l'éprouva cruellement; il ne trouva dans la patrie des anciens mages, qu'une populace abrutie, et hors d'état de se plaire à sortir de son abrutissement. S'il avait connu les lois naturelles dans toute leur étendue, et leur puissance invincible, il aurait su que jamais le même territoire ne peut fournir à l'existence consécutive de deux grands peuples, de deux peuples indépendans; lorsque le premier a disparu, c'est surtout parce que le territoire ne pouvait plus le soutenir. Rome ne vainquit Carthage qu'à l'aide de la supériorité de son territoire, qui, encore frais, et presque vierge, lui donnait avec abondance des hommes forts; tandis que celui de Carthage, mis en valeur depuis un temps beaucoup plus long, s'avançait vers la décrépitude. Lorsque, cent ans après, Rome commença à tomber sous les coups des Barbares, c'est que son territoire dégradé, affaibli, tandis que d'autres s'étaient développés, ne lui fournissait plus, au degré suffisant, les moyens de maîtriser le monde; ses mœurs, son gouvernement, ses beaux-arts, ne furent pour rien dans cette crise d'accablement. De nos jours, les mœurs des Français rappelaient celles des temps d'Auguste et de Virgile, et les Français ont vaincu l'Europe; et ils n'ont succombé qu'à l'excès de leurs triomphes; c'est que la France est encore, par les faveurs du sol et du climat, le premier des États européens.

Au temps de Napoléon, l'erreur que je combats était très-commune; et elle existe encore; et elle entraîne, en politique, bien des illusions funestes; c'est ce qui fait que je crois important de la repousser. Il est beaucoup d'hommes, d'ailleurs éclairés, qui attribuent exclusivement aux institutions humaines la toute-puissance, tandis que les institutions humaines ne sont elles-mêmes que des effets qui, seulement, produisent d'autres effets. Dans chaque région, dans chaque siècle, il ne s'établit jamais que ce qui est en même temps convenable à l'état des esprits et à l'état du territoire ; l'un et l'autre doivent être consultés ; or, ce n'est pas seulement l'état des esprits qui change sans cesse ; c'est encore l'état du territoire ; et ses changemens ont une influence directe sur les qualités du climat qui, à son tour, agit directement sur les mœurs, et, par elles, sur la disposition des esprits. Le sol et le climat de l'Italie ne sont plus physiquement ce qu'ils étaient il y a vingt siècles ; que l'on juge aussi la différence des hommes. Aujourd'hui quelle mobilité et quelle indolence ! autrefois quelle opiniâtreté et quelle énergie ! *il far niente* est le penchant de l'italien moderne ; *il far tutto* était le besoin des premiers Romains. L'Italie moderne est la patrie des arts qui demandent une sensibilité prompte, mais fugitive ; l'Italie ancienne était étrangère aux beaux-arts.

On pourrait opposer qu'en Grèce, Sparte était voisine d'Athènes ; mais, sur le sol de la France, on trouve aussi les Cévennes dans le voisinage des plus brillantes vallées ; le Rouergue, si âpre, si dur, habité par des hommes si sauvages, est très-près du pays des Troubadours.

Le territoire de Lacédémone était de même montueux et sauvage ; ce ne fut jamais à Lacédémone que la beauté humaine fit naître des Phidias.

Et désormais, sur le sol d'Athènes, sur ces plages desséchées, dont le climat est devenu barbare, il ne pourra plus exister, comme sur le sol de Thèbes et celui de Babylone, que des hommes faibles et dégradés.

On cherche Babylone, on cherchera Paris.

Toute la France un jour!... Mais laissons les vérités éloignées; reprenons notre sujet.

CHAPITRE VI.

L'idée mythologique de Napoléon fut accueillie par le Directoire avec un enthousiasme factice. Le grand avantage de ce projet fut, aux yeux de dominateurs faibles et désunis, l'éloignement du Dictateur, et son exil sur une terre de dangers et d'immenses obstacles. Napoléon devait y périr.

Mais que d'effrayantes ressources appartiennent à l'homme d'une imagination colossale, et dont, au besoin, l'âme se ferme à tous les sentimens! Napoléon, en Egypte, fut d'un courage, d'une activité, et d'une dureté incomparables ; il se montra digne de devenir, du moins pendant quelque temps, le despote de la Fortune, tant il sut braver de souffrances, d'embarras et de revers.

L'expédition d'Egypte étant terminée, c'est-à-dire la catastrophe étant devenue pressante et inévitable, Napoléon abandonne à ses subalternes le soin de la supporter; il apprend d'ailleurs, « l'état déplorable de la France, l'avilissement du Directoire, les succès de la coalition ; il croit pouvoir servir son pays une seconde fois ». Par un de ces coups en apparence miraculeux, et qui ne font que justifier l'opinion déjà si ancienne que la fortune aime l'audace, il traverse librement la Méditerranée, débarque à Fréjus, fait retentir la France entière du bruit de son arrivée.

Quel moment dans sa vie ! il paraît ; tous les regards s'unissent ; tous les vœux se confondent : *Voilà l'homme que j'attendais ; c'est pour moi qu'il arrive ;* ces paroles sont dites par le républicain et le royaliste, par le philosophe et le chrétien.

Que démontrait un hommage si flatteur et si unanime ? la force de Napoléon et le désordre de la France. Terreur de l'invasion étrangère, terreur de l'anarchie, ces deux sentimens si cruels, et, en ce moment, si légitimes, imprimaient fortement à toutes les âmes un seul besoin, celui de voir toute l'autorité saisie par un guerrier intrépide et généreux.

« La fortune, dit-il avec raison, me portait à la tête de l'État. J'allais me trouver *maître* de la révolution ; car je ne voulais pas en être le *chef* ; le rôle ne me convenait pas. »

La distinction est grande et judicieuse ; la révolution, qui n'en était plus à son début, mais « à son désordre producteur des tempêtes, » exigeait, et depuis longtemps, d'être maîtrisée ; toute direction qui n'était pas impérieuse, était secouée, anéantie, et brisait les faibles mains qui voulaient la donner.

« J'étais donc appelé à *préparer* le sort à venir de la France, et peut-être celui du monde. »

Oui! à préparer le sort de la France et du monde; mais non à le faire ; et telle est, encore plus, la distinction généreuse, sublime, sage, à laquelle Napoléon aurait dû s'attacher.

En suivant les révélations de Napoléon, on voit qu'à cette époque, il n'avait pas encore mesuré toute l'étendue de ses droits ; et sa véracité mérite confiance ; car elle affaiblit l'idée que l'on s'était formée de son génie. « Je me sentais, dit-il, plus de disposition pour relever l'ascendant militaire de la France, que pour la gouverner. »

C'était cependant d'être gouvernée qu'elle éprouvait le plus pressant besoin; et Napoléon, qui ne le voyait pas encore au degré nécessaire, parce que son inclination, en ce moment, le portait moins vers un trône que sur un champ de bataille, Napoléon ne proposa d'abord, et de bonne foi, qu'un simple consulat. Encore républicain d'opinion et d'intention, quoiqu'il ne le fût nullement de caractère, ce n'était point, comme on aurait pu le penser, un premier échelon qu'il établissait. Je lui ai fait, ainsi que la plupart de ses contemporains, honneur d'un système de gradations, qu'il n'avait point conçu, mais auquel il se prêta très-aisément, aussitôt que la succession des événemens et la disposition des esprits le lui eurent montré comme nécessaire.

CHAPITRE VII.

C'est par la révolution du 18 brumaire que Napoléon s'éleva au consulat. Cette célèbre journée est une de celles qui montrent avec quelle facilité s'écoulent les institutions humaines, lorsqu'elles ne sont pas fondées sur le concert des circonstances, de la nature et des mœurs. Que d'écrivains, séduits par une théorie imaginaire, croyaient avoir démontré qu'un Directoire exécutif, éclairé, excité par un conseil des cinq cents, et retenu, surveillé par un conseil des anciens, formait une organisation de Gouvernement solide, libérale, admirable! et tout cela fut disloqué en un moment par l'audace d'un soldat. C'est qu'une oligarchie élective est un *non sens* en politique, une association d'élémens contraires : c'est que, dans les bases de l'État, il n'est point de stabilité sans hérédité, de même que sans hérédité, il n'y a point de famille; c'est que, pour un peuple considérable, et qui a dépassé l'âge de la jeunesse, il n'y a de convenable que le Gouvernement monarchique. C'est le seul qui puisse garantir de l'anarchie, source immédiate de despotisme.

Le Directoire et ses deux conseils formaient une institution anarchique; ce n'était donc pas une vraie monarchie qui pouvait leur succéder. Cependant Napoléon ne songeait pas même à se constituer monarque ; ses vœux n'étaient pas encore au niveau de sa force. Mais il y eut de grands avantages à cette marche graduelle qu'il suivit sans l'avoir méditée ; il fut d'autant mieux l'homme qu'il fallait, qu'il le devint par l'impulsion des événemens, et sans l'avoir résolu ; mais, il faut en convenir, jamais événemens rapides, critiques, extraordinaires, ne trouvèrent un instrument plus approprié à leur rapidité et à leur violence.

C'est à la modération primitive des vœux de Napoléon, modération vraie, quoique singulièrement inconséquente, si l'on considère sa position et son caractère, que l'on doit attribuer la noble libéralité d'institutions et de pensées qu'il manifesta pendant son consulat ; ce fut sa grande et glorieuse période ; il imprima alors à ses actions et à son langage cette générosité antique, très-propre à rappeler les plus magnanimes citoyens de Rome et de la Grèce.

Mais, il y eut bientôt inconvenance, parce que les temps ne se ressemblaient pas. A Paris, et généralement en France, la légèreté des mœurs, la lutte des intérêts, la discorde des opinions, la pétulance du tempérament, le besoin d'expansion nationale, et la possibilité de cette expansion, imposaient une nécessité de dictature, que fortifiaient la puissance, la jalousie, et l'attitude hostile des peuples environnans.

Napoléon n'en vint point rapidement à reconnaître combien il était pressant pour la France d'être soumise à la domination conjointe de l'unité et de la révolution. Cette idée étendue fut précédée d'une idée préparatoire et judicieuse; il sentit d'abord l'obligation de fonder son autorité sur la satisfaction de tous les intérêts. « Il fallait, dit-il, que tout fût neuf dans mon pouvoir, afin que toutes les ambitions y trouvassent de quoi vivre; mais il n'y avait rien de défini dans sa nature, et c'était son défaut. Je n'étais, par la constitution, que le premier magistrat de la république; mais j'avais une épée pour bâton de commandement. Il y avait incompatibilité entre mes droits constitutionnels et l'ascendant que je tenais de mon caractère et de mes actions. Le public le sentait comme moi; la chose ne pouvait pas durer ainsi, et chacun prenait ses mesures en conséquence. »

Dans tout cela, on ne voit point, comme dans la politique de César, le sentiment des besoins généraux de la patrie. César était un homme qui conduit sa destinée; Napoléon était souvent un homme que sa destinée conduit.

D'après son aveu, il n'était inquiet que de la situation matérielle de la France; il l'était beaucoup moins de sa situation morale; il laissait le plus important pour le plus pressé; et, plus d'une fois, dans le cours

4

de son action politique et militaire, il a montré que cette impatience de courir au plus pressé lui faisait perdre de vue les choses majeures et permanentes. Son grand défaut était de ne pas assez voir, dans le présent, tout ce que déjà il contenait d'avenir.

Reconnaissons d'ailleurs que la France matérielle était, en effet, dans l'état le plus déplorable. Tout manquait à la fois, l'argent, les armes, les soldats. Aussi Napoléon demanda la paix de bonne foi et avec instance. « M. Pitt la refusa; et jamais, dit Napoléon, homme d'État n'a fait une plus lourde faute. »

Que ce jugement étonne! il montre, avec une évidence inattendue, que Napoléon qui l'a porté, et non dans sa jeunesse, mais récemment, et au terme de sa vie politique, ne méritait point lui-même, dans toute son étendue, le titre d'homme d'État.

M. Pitt avait mesuré avec justesse la force relative des nations et des choses. La France, douée par la nature de tous les avantages, et de plus pénétrée, par sa révolution, d'un mouvement très-fécond, très-ascendant, n'avait besoin que d'être fortement et paisiblement gouvernée pendant quelques années, pour s'élever à un degré extraordinaire de vigueur, de plénitude, d'exhubérance même. La guerre seule pouvait traverser un éclat si menaçant. Ce n'est point à l'aide de cette guerre que M. Pitt a étendu, ainsi que Napoléon l'en accuse, l'empire de la révolution sur toute l'Europe. On conçoit difficilement comment Napoléon n'a pas vu que cette révolution était d'une nature éminemment expansive, que toute l'Europe, toute la surface même du globe, devait successivement s'y prêter; mais que le plus pressant et le plus important pour une nation d'Europe, était de ne pas se laisser anéantir par les mouvemens et la force qu'elle imprimerait aux Français; que l'Angleterre, par sa position, sa constitution, son état commercial, sa faiblesse territoriale, était la nation la plus exposée; qu'elle devait, par conséquent, s'imposer le système d'agiter constamment la France, de l'occuper chez elle par la discorde, de susciter contre elle toutes les grandes nations.

Ajoutons que M. Pitt, homme très-réfléchi, très-prévoyant, avait déja sans doute fixé, dans sa pensée, l'idée que l'on devait prendre du caractère de Napoléon et de la nation française. Celle-ci, naturellement ardente et impétueuse, devait être terrible de choc, et faible de constance. De son côté, Napoléon avait prouvé, par son expédition d'Égypte, et généralement par la tactique militaire, dont il était créateur, que l'impétuosité était sa nature essentielle; que, par conséquent, en le tenant en haleine, et même en le provoquant, mais selon un système de temporisation, de détours et de prudence, on le précipiterait, on l'userait, en se conservant, en lui survivant.

Ce plan de M. Pitt, fondé sur les bénéfices du temps et de l'opiniâtreté, est, à mes yeux, ce que la politique humaine a jamais conçu de plus profond et de plus habile : aussi le ministère anglais lui a toujours été fidèle, quoique, depuis la mort de M. Pitt, il ait éprouvé plusieurs renouvellemens. C'est ainsi qu'il a traversé la crise la plus menaçante, et conservé l'existence de la nation anglaise, en se servant de ses dangers même pour accroître, pendant quelque temps du moins, son influence et sa prospérité.

Si l'on veut voir tout Napoléon en tableau, et juger combien il y avait de prévoyance et de raison dans les pensées de M. Pitt, il suffit de lire le récit de la fameuse campagne d'Italie, terminée par la bataille de Marengo.

« Nous étions tous jeunes dans ce temps, soldats et généraux ; nous avions notre fortune à faire ; nous comptions les fatigues pour rien, les dangers pour moins encore. Nous étions insoucians sur tout, si ce n'est sur la gloire qui ne s'obtient que sur les champs de bataille. »

Certainement, un tel homme ne songeait pas qu'il avait un empire personnel à élever, et un grand État à sauver en élevant cet empire. Si de tels projets avaient rempli son âme, aurait-il eu ce courage, cette témérité, cet éclat, cette irruption aveugle d'audace et de force ! Ce n'était encore qu'un héros fabuleux ; et l'on pouvait prévoir que lors même que l'âge et l'expérience auraient étendu ses réflexions, il lui resterait bien de l'exaltation, de la fougue et de l'imprudence.

Au reste, comment se serait-il défendu de l'enthousiasme pendant cette campagne mémorable qui fut, pour lui, une succession si impétueuse de si grands spectacles, de si grands mouvemens ! L'hiver régnait encore sur les Alpes, il les affronte comme Annibal ; en moins de huit jours, il passe de Genève en Italie à la tête de quatre-vingt mille hommes ; son armée a roulé comme un torrent ; de forts succès, obtenus d'épouvante, ne sont encore que les préliminaires d'une action terrible ; toutes les forces de l'Autriche sont rassemblées ; il les attaque ; emporté par son impatience, il se hâte beaucoup trop de les envelopper ; ses ailes s'étendent ; son centre se dégarnit ; l'ennemi s'y précipite, l'enfonce ; la bataille va être perdue ; Desaix arrive, et aux dépens de sa vie, rend aux Français tout l'honneur et tous les fruits du combat.

Napoléon fixe ses conquêtes, rentre en France, se rend à Paris, bien moins pressé de recueillir les acclamations populaires que d'arrêter, dès leur naissance, toutes les ambitions subalternes qui, en attendant qu'elles se déchirent entr'elles, s'apprêtent à faire faisceau contre lui.

C'est alors qu'il commença à voir l'insuffisance de l'autorité modeste dont il avait cru qu'il pourrait se contenter.

« Le danger commun, et l'enthousiasme public avaient allié momentanément les partis ; la sécurité le divisa. Partout où il n'y a pas un centre de pouvoir incontestable, il se trouve des hommes qui espèrent l'attirer à eux. »

Ces mots si simples, si vrais, si judicieux, portent à reconnaître, comme je l'ai dit, que Napoléon, sans instruction profonde, sans méditations antérieures, n'apprenait les grandes vérités qu'à l'instant où elles se montraient elles-mêmes. Mais alors il les apprenait plus vite et mieux que personne, surtout lorsqu'elles étaient conformes à son caractère et flattaient son inclination.

« Mon autorité, dit-il, n'était qu'une magistrature temporaire : elle n'était donc pas inébranlable. Les gens qui avaient de la vanité, et se croyaient du talent, commencèrent une campagne contre moi. Ils choisirent le tribunat pour leur place d'armes. Là, ils se mirent à m'attaquer sous le nom de pouvoir exécutif. Si j'avais cédé à leurs déclamations, c'en était fait de l'Etat; il avait trop d'ennemis pour diviser ses forces, et perdre son temps en paroles....... Ils s'amusèrent, pour faire leur popularité, à refuser les impôts, à décrier le gouvernement, à entraver sa marche, ainsi que le recrutement des troupes. Avec ces manières-là, nous aurions été, en quinze jours, la proie de l'ennemi. Nous n'étions pas encore de force à le hasarder. Mon pouvoir était trop neuf pour être invulnérable. Le consulat allait finir comme le directoire, si je n'avais pas détruit cette opposition par un coup d'état. Je renvoyai les tribuns factieux. On appela cela éliminer. **Le mot fit fortune.** »

Et la fortune de ce mot prouva l'àpropos de l'opération.

« Ce petit événement changea la constitution de la France, parce qu'il me fit rompre avec la république, car il n'y en avait plus du moment que la représentation nationale n'était plus sacrée.

» Ce changement était forcé dans la situation où je trouvais la France vis-à-vis de l'Europe et d'elle-même. Les autorités à contre-poids ne sont bonnes qu'en temps de paix. »

On ne dira jamais rien de plus vrai et en langage plus simple.

« Ma tâche était de terminer la révolution en lui donnant un caractère légal, afin qu'elle pût être reconnue et légitimée par le droit public de l'Europe ; il fallait donc en arrêter les principes, en consolider la législation, et en détruire les excès. Je me crus assez fort pour y réussir, et je ne me trompai pas. »

Noble et juste confiance. Mais quel autre qu'un vainqueur éclatant, et un maître prononcé, aurait pu régler une législation nouvelle, enchaîner les factions, rétablir le culte, rappeler les émigrés, constituer l'administration, relever les finances, en un mot donner tous les freins nécessaires à cette puissance terrible qui, irritée par la résistance, avait appelé à son secours l'exagération, le crime et le désordre !

« Tout semblait marcher à souhait; l'État se recréait; l'ordre s'y rétablissait; je m'en occupai avec ardeur. Mais je sentais qu'il manquait une chose à tout ce système : c'était du définitif. »

.... « Tout était précaire dans le système du consulat, parce que rien n'y était à sa véritable place. Il y existait une république de nom, une souveraineté de fait, une représentation nationale faible, un pouvoir exécutif fort, des autorités soumises, et une armée prépondérante.

» Rien ne marche dans un système politique où les mots jurent avec les choses. Le gouvernement se décrie par le mensonge perpétuel dont il fait usage; il tombe dans le mépris qu'inspire tout ce qui est faux et faible. »

Il fallait donc rendre le gouvernement vrai et définitif; et les motifs que Napoléon vient d'exposer étaient d'une importance bien suffisante; mais ceux qu'il ajoute sont faux; il les prend seulement dans son caractère; et c'est en grande partie, pour en avoir fait le principe de sa conduite et de sa politique, qu'il a ruiné le bel édifice qu'il avait si bien élevé.

« J'étais, dit-il, à la tête de la *grande faction* qui voulait anéantir le système sur lequel roulait le monde depuis la chute des Romains. Comme tel, j'étais en butte à la haine de tout ce qui avait intérêt à conserver cette rouille gothique. Un caractère moins entier que le mien aurait pu louvoyer pour laisser une partie de cette question à décider au temps. »

Un caractère moins entier, moins impétueux, moins impatient de saisir le but, aurait permis au jugement de se faire entendre ; et celui-ci n'aurait pas donné le titre de faction à la réunion paisible, et non projetée, de tous les hommes éclairés en Europe. L'opinion publique, expression de leurs vœux et de leurs pensées, était manifestement prononcée ; tout le système féodal était décidément en ruines ; sans doute, les anciens titulaires des priviléges faisaient quelques efforts pour rétablir ce système ; mais les redouter et les combattre, c'était les fortifier, parce que c'était à la fois les honorer et les réunir. Gouverner avec fermeté et justice, sans montrer autre chose que de l'indifférence pour leurs manœuvres, et de l'indulgence pour leurs regrets, c'était tout ce qu'il fallait pour qu'ils entrassent insensiblement dans le siècle et dans le peuple. Il n'était pas nécessaire de louvoyer, pas même de long-temps attendre ; il aurait suffi de considérer hautement l'infusion générale comme produite, pour qu'elle se produisît rapidement ; et les institutions données par Napoléon la mettaient réellement en exercice.

Pourquoi donc voir une crise, et la nécessité d'abréger une crise, lorsque déjà on l'avait maîtrisée ? pourquoi cette erreur fatale : « Il fallait avoir pour nous la moitié plus un de l'Europe, pour que la balance penchât de notre côté. Je ne pouvais disposer de ce poids qu'en vertu de la loi du plus fort, parce que c'est la seule qui ait cours entre les peuples. Il fallait donc que je fusse le plus fort de toute nécessité, car je n'étais pas seulement chargé de gouverner la France, mais de lui soumettre le monde, sans quoi le monde l'aurait anéantie. »

Soumettre le monde à la France, par la force de la civilisation, par la force de l'opinion, par la force du bon exemple social, et, à l'aide d'un tel procédé soutenu, généreux, invincible, établir réellement, ou du moins fonder pour l'avenir sa suprématie politique : telle était, Napoléon, votre mission magnanime. Mais entreprendre de soumettre le monde à la France par la force des armes, c'était essayer l'impossible, et, par cette tentative, marcher à l'anéantissement même de la France, en l'exposant au refoulement de l'opinion publique, de la civilisation européenne, et de la révolution.

On le voit, et d'ailleurs l'épreuve a parlé : jamais sur un objet plus important ne fut fait un calcul plus faux et plus funeste. Mais expliquons, et ne nous étonnons pas. Partout où il y a excès de véhémence, il y a défaut proportionné de justesse et de raison.

Et n'oublions pas que Napoléon ne serait point parvenu à maîtriser la révolution, s'il n'avait reçu un caractère d'une excessive véhémence : or, la nature ne permet pas que l'homme change subitement de caractère, surtout dans le succès, qui, au contraire, a pour effet inévitable de l'affermir dans toutes ses dispositions.

N'oublions pas d'ailleurs, la justice s'y oppose, que si Napoléon méconnut l'objet futur et extérieur de son pouvoir, il sut en remplir d'une manière admirable le but prochain et intérieur, qui était de pacifier et de gouverner. Très-loin, infiniment loin de ressembler à ce lâche et atroce Robespierre, qui, par sa cruauté jalouse et implacable, témoigna lui-même combien il se sentait dépourvu de courage et de talens, Napoléon ne songea qu'à rapprocher de sa personne, et à confier les emplois éminens, aux hommes remarquables qui n'avaient pas craint de combattre ses projets et de s'opposer à son élévation. Tel qui redoutait sa vengeance, fut choisi par lui-même pour devenir son appui.

Et, de tous les points de la France, s'étant procuré, par des moyens secrets, des notes détaillées sur le caractère, les opinions, la fortune, la considération personnelle des hommes qui déjà exerçaient une prépondérance, il les fit entrer dans l'administration publique que, pour cette raison, il recomposa entièrement, et sur un nouveau plan. Un grand nombre d'hommes estimables se trouvèrent portés aux places importantes, sans l'avoir demandé; quelques-uns même étaient d'autant plus loin de s'y attendre, qu'ils avaient manifesté des sentimens contraires à Napoléon.

Cette distribution généreuse produisit le mouvement

le plus heureux dans l'opinion, en même temps qu'elle frappa l'imagination du peuple de cette idée avantageuse, que Napoléon savait tout, qu'il avait partout des émissaires vigilans.

A cet heureux fondement de la tranquillité populaire, se joignit bientôt une sorte d'idée superstitieuse, qui devint générale, et que Napoléon lui-même sembla partager. En voyant que tout lui succédait rapidement, et comme sans efforts, on se persuada qu'une prédestination suprême avait tracé sa fortune ; et il prit, soit par adresse, soit avec un enthousiasme sincère, le titre fastueux de l'homme du Destin.

Un grand acte de politique et de justice le rendit l'homme de toutes les classes du peuple français ; après avoir pacifié la Vendée, il rouvrit aux émigrés les portes de la patrie; prenant alors la révolution et la contre-révolution dans l'état de neutralisation mutuelle où il les avait amenées, il remit les émigrés en possession de la partie de leurs biens qui n'avait pas été vendue, en même temps qu'il raffermit solennellement toutes les propriétés nouvelles. Les hommes des divers partis n'osèrent plus dire qu'ils n'étaient pas satisfaits.

Que ne sut-il se fixer sur cette ligne de modération et de grandeur d'âme ! mais, d'une part, il avait trop d'étendue dans l'esprit pour ne pas saisir, de temps à autre, les pensées les plus vraies, les plus salutaires; d'un autre côté, il avait trop de fougue dans le tempérament pour n'être pas souvent emporté bien loin de la raison et de la justice ; comme tous les hommes d'une grande saillie, il passait alternativement par les mouvemens les plus opposés.

Suivons-le dans ses contrastes.

CHAPITRE VIII.

L'homme qui, par caractère, aime et brave les entreprises audacieuses, se plaît à les commander, lors même qu'il ne peut en partager les dangers; c'est toujours un grand mouvement, un grand spectacle. Ainsi, l'Océan est à peine devenu libre par le traité d'Amiens, que Napoléon envoie à Saint-Domingue une belle flotte, et une superbe armée; il n'a pas vu le piége que M. Pitt lui a tendu; il n'a mesuré, ni même prévu, les immenses obstacles que cette expédition va rencontrer; tous les malheurs qu'il a éprouvés en Egypte n'ont formé qu'une leçon perdue; et, avec un tel caractère, celle qu'il va recevoir à Saint-Domingue sera perdue également.

Mais voici une circonstance où Napoléon, pour avoir singulièrement méconnu, et la disposition des choses, et ce que cette disposition lui donnait de puissance et d'avantages, se porta à un acte atroce. Sa domination était décidée; il régnait de fait; pour régner en paix, il ne lui fallait plus qu'un titre et une cérémonie; il pouvait, à son gré, commander l'un et l'autre. Le voilà qui s'inquiète de ce que les républicains n'ont pas en lui pleine confiance : « On répandait sourdement, dit-il, que je m'étais enthousiasmé du rôle de Monck, et que je ne prenais la peine de restaurer le pouvoir que pour en faire hommage aux Bourbons, lorsqu'il serait en état de leur être offert. Les têtes médiocres, qui ne mesuraient pas mes forces, ajoutaient foi à ces bruits ; ils accréditaient le parti royaliste, et me décriaient dans le peuple et dans l'armée ; car on commençait à douter de mon attachement à leur cause. Je ne pouvais pas laisser courir une telle opinion, parce qu'elle tendait à nous désunir. Il fallait, à tout prix, détromper la France, les royalistes et l'Europe, afin qu'ils sussent tous à quoi s'en tenir avec moi. »

Que malgré sa vigilance, sa pénétration, et ses émissaires, Napoléon était mal informé ! les têtes médiocres, qui supposaient la sienne occupée à préparer le rôle de Monck, étaient en si petit nombre, et avaient si peu d'influence, que rien ne méritait moins d'attention. Pourquoi d'ailleurs vouloir détromper les royalistes qui, de bonne foi, formaient cette espérance? N'était-ce pas un lien qui les attirait et les retenait? ne suffisait-il pas de laisser au temps le soin de dissiper une illusion qu'ils chérissaient?

« La perte du duc d'Enghien décidait la question qui agitait la France. »

Cela est si faux, que, lorsque cette perte fut consommée, la France entière fut frappée de surprise et d'horreur. On chercha les motifs de ce barbare sacrifice. Infiniment peu de personnes imaginèrent la vérité. On se persuada généralement qu'une conspiration très-alarmante avait menacé Napoléon, que, par l'intermédiaire du duc d'Enghien et des émigrés, elle était liée à une invasion étrangère, et que Napoléon s'était cru obligé d'immoler ce jeune prince, pour étouffer, d'un seul coup, une guerre civile, et d'horribles malheurs. Si, à cette époque, Napoléon avait révélé, comme il le fait aujourd'hui, que tout se réduisait, « à de petites menées, à de misérables intrigues, qui ne menaçaient, ni la sûreté de la France, ni la sienne », on l'aurait accusé d'une monstruosité gratuite, et l'on aurait déjà prononcé sur cet assassinat le jugement de l'histoire. Elle dira que la mort du duc d'Enghien fut une absurde horreur.

L'expiation ne s'en fit point attendre. Alors commença cette succession de positions fausses et critiques dans lesquelles s'enchaîna l'existence politique de Napoléon, et qui préparant chacune, pour le lendemain, de nouveaux obstacles, nous ont conduits, par une pente brusque, aux catastrophes les plus violentes.

La plupart des royalistes s'étaient attachés à Napoléon, les uns commandés par la nécessité, les autres entraînés par l'ascendant que lui avaient donné ses actes de conciliation et de fermeté, encore plus que ses victoires; le meurtre du duc d'Enghien les ayant révoltés, une grande conspiration se forma; elle parvint à se donner pour chefs, un homme de la plus grande audace, et deux généraux de la plus grande renommée. Ils furent arrêtés. Georges mourut sur l'échafaud. Pichegru périt en prison, et d'une mort violente. Napoléon dit aujourd'hui qu'il y fut étranger, et l'on consent à le croire, parce que tout annonce qu'il ne se met point en peine de déguiser ce qui l'accuse ; mais, à cette époque, on lui imputa ce lâche forfait ; et une imputation si noire, si légitime, produisit, contre lui, tous les effets d'une affreuse vérité.

Moreau fut proscrit ; on se persuada que Napoléon n'avait pu obtenir davantage ; et cette opinion, en compromettant son pouvoir, le rendit encore odieux. Une grande partie de l'armée fut d'ailleurs irritée par la condamnation d'un général éminemment célèbre. On révoqua en doute la conspiration. On supposa à Napoléon de la jalousie ; il n'est pas de soupçon plus flétrissant. Pour être jaloux, il faut être si faible !

CHAPITRE IX.

L'effet le plus malheureux des grands crimes politiques est de pousser jusque dans les voies du crime bien des hommes généreux qui en sont victimes ou témoins. On trouve, à cet égard, des révélations bien extraordinaires dans une brochure publiée au mois de janvier 1815, par M. le chevalier de Rivoire, ancien officier de la marine royale. « Peu de temps avant mon départ de Brest, dit-il, le général Georges me parla du projet de la machine infernale, et m'en demanda mon avis : j'approuvai très-fort l'idée de détruire l'usurpateur; mais je fis deux objections, l'une qu'il n'était pas certain que l'on atteignît ce but, avec une seule charrette, l'autre qu'en supposant le succès le plus complet, les royalistes pourraient bien ne pas en profiter, et qu'il était à craindre que les jacobins, qui seuls étaient en mesure, s'emparassent de l'autorité. » (Page 18.)

Que de choses dignes de sombres réflexions se trouvent ainsi démontrées ! La machine infernale, invention de Georges ou de ses agens, avait donc pour objet la destruction de l'homme qui, par sa mort, aurait, selon les craintes même des plus ardens royalistes, laissé le champ libre aux jacobins, c'est-à-dire aux promoteurs de l'anarchie !

Je transcris en frémissant les paroles suivantes : « Quand je revis Georges, quelques jours après l'explosion de la rue St.-Nicaise, il me dit, et je crois que c'est la vérité, que St.-Régent avait agi sans attendre ses ordres. On a beaucoup dit et écrit de *niaiseries* à l'occasion de l'explosion de la charrette à poudre ; c'était assez naturel de la part de Buonaparte et de ses agens ; mais les *gens bien pensant* ne devaient pas se faire leur écho. L'officier qui bombarde une ville fait du mal à d'innocens bourgeois, à des femmes, à des enfans, sans qu'on lui en fasse un crime ; pourquoi en faisait-on plutôt un à M. de St.-Régent, exposant sa vie pour détruire celle de son ennemi ? Si les résultats de la machine ont eu des effets meurtriers, c'est un accident de guerre, dans lequel son intention n'entrait pour rien ; il voulait faire périr Buonaparte ; il n'a pas réussi, et a payé de sa tête cette tentative ; rien de mieux de part et d'autre ; s'il eût vécu et réussi, il eût mérité des récompenses..... »

Des récompenses à un assassin féroce qui, sans mesurer ses coups, les fait tomber à la fois sur une foule d'innocens ! Des récompenses à un fou furieux, qui, ne prévoyant rien, ne combinant rien, aveuglé par sa rage, exposait la France à rentrer sous le règne des brigands ! et puis quel sophisme épouvantable ! « On ne traite point de criminel l'officier qui bombarde une ville ; pourquoi l'action de St.-Régent est-elle traitée de crime ? Ses résultats meurtriers ne sont également qu'un accident de guerre ! ....» Quel homme *bien pensant* ne voit la différence ? La ville qui est bombardée a été sommée de se rendre ; si elle n'a point cédé, c'est qu'elle a pris confiance dans sa garnison et dans ses moyens de défense ; c'est que l'intérêt même de ses habitans, que l'on a bien écoutés, n'a pas paru suffisant pour balancer les maux que sa reddition doit entraîner ; c'est que même, le plus souvent, les bourgeois, les enfans et les femmes ont eu la liberté de sortir de la ville. St.-Régent avait-il donné de semblables avertissemens aux malheureux habitans de la rue St.-Nicaise ?..... On gémit, pour la nature humaine, de ce qu'elle peut fournir l'occasion d'exposer de tels argumens ; mais on apprend du moins à mesurer tout ce qu'il y a de périlleux, d'effroyable, de désolant, dans la position de l'homme qui, soit par ambition, soit par dévouement et courage, s'est rendu, en un temps de crise, maître de l'Etat. Il est contraint de faire porter son trône sur le cratère même du volcan qu'il a fermé, afin de pouvoir étouffer à l'instant toutes les tentatives d'explosion nouvelle. Que de mugissemens sourds lui imposent constamment le devoir d'une inquiète vigilance ! tant que la fermentation dure, chaque étincelle peut être justement considérée comme le précurseur d'un violent incendie ; ah ! quel homme doux et sage porterait envie à une telle situation !

M. de Rivoire fait encore au public d'autres confidences singulièrement remarquables ; je ne rappellerai que celle-ci : (page 68.)

.... « J'avais écrit au général Georges pour le dissuader de mettre à exécution le projet de St.-Régent et le remplacer. Georges et moi, devions-nous rendre à Paris, avec, chacun, quarante hommes affidés et déterminés, munis de passeports comme officiers de tous grades et de toutes armes. Le jour de l'arrivée à Paris eût été la veille d'une grande parade dans le Carrousel. Le lendemain, à l'heure de la revue, nous nous serions tous rendus, à cheval, et bien armés, aux Tuileries, et nous eussions attaqué, tous à la fois, l'usurpateur au milieu de ses troupes, qui eussent regardé notre attaque comme un complot formé par les officiers de toute l'armée. Par ce moyen nous étions certains de faire périr Buonaparte ; et comme, à cette époque, il n'avait pas encore organisé son énorme garde, il est probable qu'à la faveur du désordre qui eût été la suite de cet événement, et au moyen de marques de reconnaissance que nous aurions eues entre nous, nous aurions non-seulement sauvé notre vie pour la plupart, mais encore nous eussions poussé la tentative, pour nous saisir de l'autorité, aussi loin que les circonstances l'eussent permis. »

Que de réflexions naissent de ce récit ! il montre d'abord jusques à quel point le fanatisme égare le jugement des âmes naturellement fortes. M. de Rivoire ainsi que Georges, étaient des gens d'honneur dans le commerce habituel de la vie; cependant, ils suivaient en aveugles une impulsion criminelle. L'assassinat est toujours un crime; il ne peut jamais être justifié par son objet, ni par le courage avec lequel il est entrepris. Que l'homme qui tue par surprise, et sans déclaration de guerre, s'intitule chrétien, ou républicain, ou royaliste; que Porsenna, ou César, ou Henri IV, soit sa victime, c'est toujours un furieux, qui viole, au moins par démence, toutes les lois de la société et de l'honneur, qui d'avance justifie tous les désordres, qui ouvre la porte à toutes les vengeances. Nous eussions, dit M. de Rivoire, poussé la tentative, pour nous saisir de l'autorité, aussi loin que les circonstances l'eussent permis. Que de tempêtes et d'anarchie se cachaient dans une combinaison si éventuelle! Suffit-il d'avoir fait et exécuté un plan d'assassinat pour avoir fait et exécuté un plan de révolution, de gouvernement et de politique?

Au milieu de ces scènes de désordre et de délire, reposons-nous du moins sur des traits de grand caractère; il s'en montre toujours, de part et d'autre, aux époques des grandes convulsions.

On trouve dans l'analyse donnée par le Journal des débats (27 janvier 1815), de l'*Histoire des sociétés secrètes de l'armée*, que « l'un des serviteurs les plus zélés du tyran pénétra, par ses ordres, dans le cachot des royalistes, la veille de l'exécution; il les trouva en prières; saisi de respect, il s'adressa à Georges, et lui offrit, de la part de son maître, des emplois brillans à l'armée pour lui et ses compagnons. »

Georges et ses compagnons refusèrent; ce refus n'étonne pas; le courage exalté, lors même qu'il est devenu fureur et fanatisme, ne cesse pas d'être force et grandeur d'âme.

Mais, que l'homme impartial pénètre aussi dans l'âme de Napoléon ; qu'il y juge cette confiance offerte à ses plus violens ennemis! que démontre-t-elle, si ce n'est un sentiment très-élevé, presque téméraire, des effets que la générosité ouverte ne peut manquer de produire sur les cœurs essentiellement généreux? Aussi, je ne sais pourquoi cette confiance vient de me paraître, un moment, presque téméraire. Pour peu que l'on connaisse le cœur humain, on ne peut douter que si Napoléon eût pu entraîner Georges et les autres conspirateurs à servir dans ses armées, il ne les eût trouvés à jamais fidèles. Distinguons soigneusement le traître perfide du fanatique égaré; celui-ci est nécessairement un homme fort; le premier est nécessairement un homme faible; il ne se fait jamais une transformation de l'un de ces hommes dans l'autre, quoiqu'ils puissent quelquefois se réunir pour la même cause. Mais il n'y a qu'un homme très-fort qui, placé sur le trône, ou, comme je l'ai dit, sur un volcan toujours prêt à s'embrâser, puisse être certain d'avance, que l'homme courageux, s'il parvient à le gagner par sa confiance même, ne sera plus, avec courage, qu'un homme dévoué. Pour se livrer ainsi, il faut que le souverain juge d'après son cœur.

Sans doute encore, une telle clémence, par les effets qu'elle entraîne, peut passer, aux yeux du vulgaire, pour une politique adroite. Mais le vulgaire, qui ne juge réellement que par les effets, et qui ne sait pas que les beaux mouvemens ont toujours de nobles principes, ne sait pas non plus que l'homme faible, quelle que fût la sagacité de son esprit, ne parviendrait jamais à mettre, dans sa conduite politique, une franche et haute confiance, parce que le sentiment de sa faiblesse même ne lui montre, autour de ses pas, que piéges et dangers. Nul souverain n'eut plus d'adresse que Louis XI; nul homme ne fut plus défiant et plus sombre.

Les refus de Georges soumirent Napoléon à la nécessité horrible (compensation bien cruelle du pouvoir et de la gloire), à la nécessité de mettre à mort des hommes qu'il estimait, qu'il admirait, dont il aurait fait, s'ils eussent voulu, des serviteurs et des amis. C'est ici le cas de comparer la position du chef d'un État à celle d'un général qui a mis le siége devant une place dont la reddition est de toute importance. Ce général, après avoir sommé plusieurs fois le gouverneur de se rendre, après avoir fait ses propositions en termes aussi honorables que pressans, se voit contraint de procéder à l'extermination de tous les genres de résistance. Que de victimes il va faire! que de désastres il va causer! de telles considérations ne l'arrêtent point. S'il y cédait, il serait coupable; car ce n'est que par les maux qu'il va répandre, qu'il peut sauver sa patrie de grands maux et de grands dangers.

Il y a cependant une différence remarquable entre les devoirs du chef d'un État et ceux d'un général d'armée: les déterminations de celui-ci sont toujours faciles et simples, leurs motifs sont clairs et frappans; l'homme le moins intelligent, ou même le plus prévenu, les voit et les approuve; au contraire, les motifs qui dirigent les déterminations du chef d'un État sont très-compliquées, et doivent, le plus souvent, demeurer un mystère; ainsi le veulent la dignité du pouvoir et l'intérêt de la tranquillité publique. Dans les temps de factions surtout, dans les temps de révolution et de crise, il est très-important de frapper l'opinion publique de l'idée, même exagérée, que le chef du pouvoir est armé d'une vigilance que rien n'affaiblit, et d'une sévérité que rien ne désarme. Par cette idée, lorsqu'elle est fortement établie, tout est calme; la discorde se cache; l'ambition se tait. *Initium sapientiæ timor domini;* la crainte du maître est alors, pour la plupart des hommes, le fondement de la sagesse. Mais cette crainte ne peut être imprimée que par quelques exemples; les séditieux réduits au repos blâment et accusent, tandis que le vulgaire, qui jamais ne sait voir les maux qu'on lui épargne, déplore les victimes, attribue leur infortune à la passion ou au ressentiment de l'homme qui les a fait périr.

N'en doutons pas ; il est des temps où il faut un courage bien difficile, bien ferme, je dirai même bien dur, pour sauver un peuple de la guerre civile ; mais, avant qu'elle ne se prépare, il ne faut que de la raison et de la modération pour la prévenir.

CHAPITRE X.

Napoléon, comme nous l'avons vu, sut étouffer la discorde; mais il ne sut pas conserver son ouvrage; il le troubla lui-même : les hommes d'une grande ardeur ont essentiellement le défaut de ne croire jamais avoir assez fait en faveur de ce qu'ils ont fortement projeté; et c'est ainsi qu'après avoir atteint leur objet, ils le dépassent. Voici un exemple :

Toujours gigantesque dans ses conceptions, pressé d'ailleurs d'acquérir en faveur de son autorité toutes les garanties sociales, Napoléon ouvrit sa pensée à l'ambition de renouveler le spectacle religieux et politique que Charlemagne avait donné à l'Europe ; mais, en cette circonstance, se manifestèrent la différence des temps et la différence des deux personnages. Charlemagne avait sollicité du chef de l'Église la couronne du Saint-Empire, et il alla, à Rome même, la recevoir des mains du pontife.

C'est, au contraire, le chef de l'Église qui vient à Paris reconnaître publiquement l'Empereur des Français, et donner à sa puissance la sanction religieuse;

mais Napoléon ne laisse ignorer ni au Pape, ni aux Français, que ce n'est point de l'autorité pontificale qu'il tient sa couronne ; il la prend lui-même sur l'autel, et la pose sur sa tête.

Ce mouvement dramatique et expressif fut à la fois exagéré et insuffisant : il écartait la domination ultramontaine ; ce n'était point assez. Napoléon, qui ne reconnaissait pas le dogme chimérique de la souveraineté du peuple, mais qui, sans aïeux, sans droits antérieurs, brusquement élevé jusqu'au faîte de la hiérarchie sociale, plaçait uniquement, dans l'intérêt et la confiance du peuple français, la sanction de son pouvoir. Napoléon aurait dû écouter ses opinions et la vraie politique, au lieu d'obéir seulement à son caractère ; il aurait dû convoquer d'avance, et pour ce seul objet, une grande assemblée nationale ; celle-ci aurait délégué à son président la fonction auguste de prendre la couronne sur l'autel, et de la poser sur la tête de Napoléon.

En donnant ainsi un complément solennel à la cérémonie du couronnement, il aurait satisfait tous les esprits. Les Français auraient vu, dans un acte mélangé de philosophie et de christianisme, une conciliation entre tous les siècles, une noble déférence pour toutes les opinions.

Il se contenta d'invoquer à l'appui du sacre le vote individuel ; une telle sanction manquait de certitude, surtout d'appareil ; et elle était inconséquente, car elle faisait intervenir directement la souveraineté du peuple, sans lui rendre un imposant hommage.

C'est ainsi cependant qu'au terme d'une gradation extraordinairement rapide, Napoléon s'assit au rang des premiers souverains ; et ce qui prouve que le terme naturel de la gradation était arrivé, c'est que Napoléon n'eut besoin d'aucun effort pour y parvenir. « Jamais, dit-il, révolution ne fut aussi douce que celle qui renversa cette république pour laquelle on avait répandu tant de sang.... » « La révolution était terminée. »

En effet, s'il eût su modérer lui-même son pouvoir, ne l'exercer directement que sur le territoire français, et n'étendre au-dehors que son influence, tous les intérêts s'unissaient ; tous les temps, toutes les opinions se confondaient ; le terme de la révolution était arrivé.

« Dans son empire, ajoute-t-il, la démocratie existait de fait et de droit. La liberté seule y avait été restreinte, parce qu'elle ne vaut rien dans les temps de crise ; mais la liberté n'est à l'usage que de la classe éclairée de la nation ; l'égalité sert à tout le monde. C'est pourquoi mon pouvoir est resté populaire, même dans les revers qui ont écrasé la France. »

Tout cela est simple, vrai et profond. On voit d'ailleurs que l'opinion de Napoléon, en opposition avec ses inclinations naturelles, approuvait et peut-être méditait, pour les temps calmes, la liberté d'institutions ;

mais il fut entraîné par les événemens, et surtout par son caractère.

« Dans cette nation, tous étaient également appelés aux fonctions publiques. Le point de départ n'était un obstacle pour personne. Le mouvement ascendant était universel dans l'État. Ce mouvement a fait ma force. »

Le mouvement ascendant, ou l'expansion nationale, était réellement universel en France. Napoléon avait su à la fois, et saisir celui dont la révolution même était devenue le fruit, et en augmenter les effets en le subordonnant au principe de l'unité. Cela même devait conduire l'État à une puissance non-seulement invincible, mais dominante; il ne s'agissait que de ne point précipiter l'emploi de cette puissance, de la considérer comme une cause immense, majeure, décisive, de laquelle devaient nécessairement découler tous les résultats de force et de prospérité. Napoléon voulut la faire courir au-devant de ses résultats; et c'est ainsi qu'il en précipita l'existence.

Que, d'ailleurs, il avait parfaitement vu sa position et ses devoirs! « Je ne montais pas sur le trône, dit-il, comme un héritier des anciennes dynasties, pour m'y asseoir mollement sous les prestiges des habitudes et des illusions, mais pour affermir les institutions que le peuple voulait, pour mettre les lois en accord avec les mœurs, et pour rendre la France redoutable, afin de maintenir son indépendance. »

Ce que Napoléon n'a point vu d'assez bonne heure, ce qu'il paraît même n'avoir jamais vu, c'est que les souverains de l'Europe, soit entraînés personnellement par la révolution d'opinion et de mœurs, soit intimidés par les dispositions que prenaient partout les peuples, ne se fussent point placés, du moins tous, dans une attitude hostile contre la France, s'il eût régné avec modération, avec noblesse, sans manifester, et même avec arrogance, une ambition écrasante.

« Les anciennes dynasties, dit-il, étaient effrayées de me voir sur le trône; j'étais, à moi seul, une révolution; l'empire les menaçait comme la république. »

Au contraire, le rétablissement du trône en France, même sous une forme despotique, raffermissait tous les trônes de l'Europe, en fournissant aux hommes les plus simples un raisonnement facile sur l'issue frappante qui terminait en France la révolution. Il est hors de doute que de grands souverains surtout, tels que l'empereur Alexandre, n'auraient vu nullement la monarchie de Napoléon avec jalousie et inquiétude; c'est lui-même qui, en supposant à tous de la haine et de l'effroi, parlait et agissait de manière à leur en inspirer.

Et, dans une carrière quelconque, tout homme qui s'élève rapidement et très-haut, est naturellement porté à supposer cette coalition de la haine et de l'envie; par cela même qu'il est animé de passions ardentes, il suppose autour de lui de violentes passions; l'amour-propre d'ailleurs l'invite à jouir de cette pensée, par conséquent à l'exagérer.

Les passions cependant sont plus rares qu'on ne pense; le goût du repos, l'habitude, la médiocrité, combattent, dans un si grand nombre d'hommes, en faveur de l'indifférence !

Les plans qui jaillissaient naturellement de la situation politique de la France, et du caractère des Français, ne pouvant être déguisés, Napoléon devait les avouer avec franchise, les débattre noblement en présence des rois et des peuples, et se conduire à leur égard de manière à les leur faire partager; car il n'y avait plus de neutralité possible; le moment était venu où l'Europe entière, et même toutes les nations du globe, devaient se tourner vers la France ou vers l'Angleterre; et l'on ne peut douter que, généralement, l'inclination des peuples et des souverains, d'accord avec la politique, les portait à favoriser de leurs vœux une nation aimable, magnanime, traitée par la nature avec d'insignes faveurs, et amenée par la civilisation au plus haut degré de lumières et d'industrie. La révolution violente et menaçante à laquelle la France venait d'être livrée n'avait pu suffire pour aliéner à jamais l'affection et l'admiration étrangères; que, par l'organe de son chef, elle se fût montrée juste, sincère, généreuse, et l'on aurait oublié ses écarts; on ne se serait souvenu que de son énergie.

Napoléon, pendant son consulat, donna réellement lieu de croire qu'il allait séduire tous les peuples de l'Europe, et les attacher à sa cause; l'Angleterre seule refusait de traiter avec lui; par cela même, elle signifiait son animosité, et elle justifiait les projets de Napoléon; elle mettait celui-ci dans une position avantageuse; que lui fallait-il pour en profiter? modestie dans le ton, modération dans les demandes, et patience dans les contre-temps; à ces conditions, l'ascendant de la France serait devenu inévitable; l'Angleterre eût cédé.

« Sans doute, jusqu'à ce que l'empire fût unanimement reconnu, et l'Angleterre désarmée, il fallait se tenir sur le pied de guerre, exercer des soldats, les occuper, ce qui mettait dans la nécessité d'envahir; mais une nécessité plus pressante encore était d'inspirer de la sécurité, en même temps que l'on aurait donné l'idée d'une grande puissance; pour cela, il fallait rendre, autant qu'il était possible, les armées protectrices et bienfaitrices des contrées envahies; ce procédé avait déjà obtenu un grand succès après la formation de la république cisalpine. L'armée française, soumise à une discipline sévère, avait conquis l'affection et la confiance; ce qui avait fortement assuré la possession du territoire. Mais, à cette époque, Napoléon était encore modéré; il débutait dans la carrière. L'ambition du pouvoir exige sans cesse une mesure croissante de jouissances, ce qui entraîne une mesure croissante de froissement, ce qui produit une mesure croissante d'irritation, de réaction hostile, opiniâtre, à la fin victorieuse.

CHAPITRE XI.

L'AMBITION de Napoléon était de nature à ne pouvoir s'alimenter que des grands résultats de la guerre ; car alors seulement il reprenait sa force et son ascendant. La dignité impériale à laquelle il s'était élevé, le soin qu'il avait pris de se faire sacrer par le souverain pontife, ses courses triomphales dans les départemens, son zèle pour les progrès de l'administration intérieure, tant d'actes utiles ou pompeux n'avaient pas suffi pour balancer les effets de l'affreuse mort du duc d'Enghien, et de la condamnation de ses deux rivaux en gloire militaire ; les conspirations étaient toujours menaçantes ; son autorité, discutée en France, n'était que faiblement reconnue en Europe ; pour la relever, pour l'affermir, il avait besoin de grands coups d'éclats. L'occasion lui en fut donnée.

Les Anglais avaient rompu le traité d'Amiens ; ils avaient violé le droit des gens. Saisissant le moment où, sur la foi de ce traité, Napoléon avait envoyé à Saint-Domingue une grande flotte, une belle armée, et où il avait encouragé les commerçans à confier à la mer tous leurs vaisseaux, ils avaient couru sur ces vaisseaux, subitement, sans déclaration de guerre ; par cette aggression violente et déloyale, ils avaient brisé tous nos moyens de prospérité.

De tous les points de la France un cri d'indignation s'était fait entendre ; le vœu prononcé par Napoléon de tirer de l'Angleterre une vengeance terrible n'avait trouvé, dans l'âme des Français, qu'un juste assentiment.

Mais quels étaient ses moyens de vengeance ? un seul réunissait toutes les idées de rapidité, d'audace, de difficulté extrême ; il devait être saisi par Napoléon.

Il prépare avec célérité l'expédition la plus téméraire ; il va livrer aux flots sa fortune, sa vie, la fortune et la vie du peuple français.

Toute l'Europe est dans l'attente ; l'Angleterre frémit d'effroi. Qui ne redouterait un homme, un peuple, assez hardis pour se mettre sous la protection des tempêtes !

Pour détourner le coup qui la menace, l'Angleterre entraîne l'Autriche à violer aussi un traité solennel.

La Bavière est envahie ; l'Alsace va être attaquée ; la France semble amenée au jour des catastrophes.

Mais, en ce moment, la cause de Napoléon est grande, belle, nationale ; c'est la justice même qui invoque son génie ; ses ennemis l'arrachent à un péril épouvantable pour l'appeler à de merveilleux combats.

Il abandonne la mer, traverse la France ; son armée vole sur le Rhin ; la foudre n'est pas plus prompte ;

l'Autriche est conquise ; la Russie vaincue ; la paix est donnée à la Russie et à l'Autriche ; paix honorable, avantageuse ; les conditions n'en sont accablantes que pour les Anglais.

Cette fameuse campagne, la plus mémorable de notre histoire, rendit à Napoléon tout l'ascendant qu'il avait perdu ; l'extraordinaire rapidité de succès si brillans, si importans, était loin de pouvoir être présumée avant l'expérience ; mais, reconnaissons-le : avant même de les obtenir, Napoléon ne pouvait manquer d'en avoir le sentiment confus ; et ce sentiment profond de ce qu'il était en état d'entreprendre pouvait-il ne jamais se changer en projet, en désir, en impatience ? quelle vertu surnaturelle ne faudrait-il pas à l'homme capable d'opérer des prodiges, pour s'abstenir d'en opérer ? et quelle vertu plus grande encore ne lui serait pas nécessaire pour ne pas s'élancer vers l'impossible, lorsqu'il vient de faire ce que les hommes sages auraient jugé de toute impossibilité ?

La campagne de Marengo et celle d'Austerlitz furent, pour Napoléon, deux pièges immenses. Cette dernière surtout l'entraîna à méditer immédiatement le renversement de la Prusse, et, dans un prochain avenir, l'asservissement de l'Europe.

Ses ennemis, principalement les Anglais, pressentirent aisément toute l'exaltation de ses vues ambitieuses ; d'ailleurs Napoléon était devenu trop plein de confiance en sa haute fortune pour pouvoir déguiser ses projets et son espoir; le style de ses discours était plus que celui de la fierté; il avait un caractère d'envahissement et d'arrogance; et, emporté par le besoin de ne faire en toutes choses que du merveilleux, du colossal, il avait encore l'imprudence de donner ce style insultant aux plus beaux monumens de ses triomphes. Lorsqu'il éleva cette superbe colonne, trop admirable pour pouvoir être abattue, lorsqu'il ordonna que l'humiliation de la Russie et de l'Autriche en fissent la décoration éternelle; il fonda des ressentimens éternels; il avait cependant l'exemple de Louis XIV.

CHAPITRE XII.

Mais puisque nous rappelons les monumens de ses triomphes militaires, rappelons aussi ceux de ses grandes intentions et de sa véritable puissance. On lui doit deux colonnes sociales qui, malgré les imperfections qu'on leur reproche, auront plus de durée encore que celle de la place Vendôme; on lui doit le Code civil, et le Code criminel; il en revit tous les détails; il présida lui-même aux discussions les plus importantes; et c'est alors surtout qu'il montra les présens extraordinaires que la nature avait faits à son intelligence : sagacité, étendue, force d'attention.

Reconnaissons d'ailleurs combien, dans ce grand ouvrage, il fut servi par les circonstances. Toutes les lois étaient à refaire, car la révolution était surtout le fruit de leur désuétude. D'un autre côté, les hommes que la tourmente politique venait de placer à la tête de l'opinion, avaient presque tous appartenu aux classes inférieures, s'étaient élevés par leur courage, par leurs talens, par leurs lumières; ayant rempli un grand nombre de fonctions préparatoires, ils s'étaient trouvés en contact avec toutes les passions et tous les intérêts ; ce qu'ils avaient souffert ayant donné, dans leur esprit, une force pénétrante à ce qu'ils avaient observé, leur expérience était devenue très-grande ; ils appartenaient réellement à toutes les classes de l'humanité ; or, c'est pour toutes les classes de l'humanité que les bonnes lois sont faites.

Les hommes à qui Napoléon confia la rédaction du Code civil et du Code criminel eurent les avantages que je viens de définir ; et il eut le mérite de sentir combien ils étaient dignes de confiance ; c'est qu'indépendamment de sa perspicacité naturelle, il avait lui-même parcouru tous les échelons de l'humanité.

Comme il avait besoin, par position et par caractère, de parcourir tous les échelons de la dictature, il en donna l'esprit à quelques-unes de ses institutions, principalement à celle de la librairie et à celle de l'instruction publique. La première était beaucoup moins effective que comminatoire, c'est-à-dire qu'elle tenait en réserve des moyens de répression contre les dogmes agitateurs, et contre les hommes violens. J'ai d'ailleurs le droit d'affirmer qu'une parfaite tolérance, une tolérance philosophique, était recommandée aux hommes qu'elle employait ; d'une part, j'ai été attaché, comme inspecteur, à l'institution de la librairie, et je n'ai jamais été blâmé pour avoir indéfiniment déféré aux instructions les plus indulgentes ; d'un autre côté, j'ai fait imprimer, à cette époque, le système universel; j'ai développé, dans cet ouvrage, tous mes principes de philosophie, et j'ai obtenu, en termes très-libéraux, l'approbation franche et loyale du censeur.

Sans doute, par cela même que les formes de la surveillance étaient arbitraires, elles pouvaient être diversement appliquées ; et il est vraisemblable qu'il se commettait des actes de caprice ou de tyrannie ; c'est l'inconvénient majeur de toute dictature, soit supérieure, soit subalterne ; mais, en ce moment, il en fallait une, surtout en librairie ; deux sources de discorde, bien loin d'être taries, étaient toujours prêtes à couler avec abondance ; plusieurs écrivains cherchaient à réveiller le fanatisme religieux ; par les tentatives funestes auxquelles ils se livrent encore, on peut juger ce qu'alors ils auraient entrepris. D'autres écrivains eussent montré un grand empressement à déclamer de nouveau en faveur de la souveraineté du peuple : fiction insensée ; car, semblable au corps humain, tout peuple a déjà un chef, une tête, un souverain, au moment où il commence d'exister sous forme apparente. Une peuplade sans chef est, comme un enfant sans tête, une monstruosité qui ne peut vivre.

On a beaucoup reproché à Napoléon son système d'éducation publique ; il me semble qu'à cet égard encore, le blâme a été inconsidéré. On oublie que le besoin pressant était alors de concilier forcément des choses très-disparates. La révolution, ainsi que les idées des hommes très-éclairés, marchait décidément vers les sciences et la haute philosophie; mais les hommes, éducateurs par état et par habitude, étaient, la plupart, en arrière de leur siècle, ou revenaient en arrière, soit par réaction de sentiment, soit par simple mobilité; on n'entendait proclamer que l'accord nécessaire et essentiel des doctrines littéraires antiques avec les saines doctrines politiques, avec les principes de l'ordre social; comme si, par exemple, dans un état chrétien et monarchique, les vrais principes de l'ordre social ne pouvaient s'accommoder que de classiques païens et républicains! La vérité est qu'un grand nombre d'éducateurs ne savaient que ce que l'on montrait autrefois dans les colléges; et ils ne pouvaient montrer que ce qu'ils avaient appris. Ils insistaient vivement par intérêt, par amour-propre, sur le rétablissement exclusif de l'antique pédagogie; et il fallait, jusqu'à un certain point, les satisfaire, parce que d'une part, il fallait les calmer, les attacher au nouveau pouvoir, en leur fournissant les moyens de travailler et d'exister; parce que, d'un autre côté, on ne possédait que ces débris pour recomposer l'édifice de l'instruction.

Napoléon fut donc obligé de rassembler, pour ainsi

dire, les moules gothiques, et d'y fondre l'éducation nouvelle; il fallait beaucoup de force, beaucoup de véritable philosophie pour faire accepter, par la révolution, cet acte de politique et de modération.

Quant à l'ensemble de l'organisation sociale, Napoléon l'avait définie : « il n'y avait en réalité dans l'Etat, dit-il, qu'une vaste démocratie, menée par une dictature. Cette espèce de gouvernement est commode pour l'exécution ; mais elle est d'une nature temporaire, parce qu'elle n'est qu'en viager sur la tête du dictateur : je devais la rendre perpétuelle, en faisant des institutions à demeure, et des corporations vivaces, afin de les placer entre le trône et la démocratie ; je ne pouvais rien opérer avec le levier des habitudes et des illusions ; j'étais obligé de tout créer avec de la réalité. »

Il y a, dans ce passage, l'indice de grandes intentions politiques, mais chimériques et trompeuses, parce que l'on ne change point la nature des choses par la seule force des intentions. L'esprit de l'empire, dit-il très-bien à plusieurs reprises, était le *mouvement ascendant ;* un tel mouvement, qui est le caractère essentiel d'un État dont la puissance devient indéfinie, rend impossibles les constitutions et les corporations ; si déjà l'unité n'était pas dans le pouvoir, il la créerait ; par conséquent, il la conserve lorsqu'il la trouve. Je crois avoir démontré dans l'ouvrage que j'ai publié (*Sur la situation morale et politique de la France à la fin de la session de* 1818) que la dictature est inévitable dans tout État qui, par les faveurs de la nature, de la civilisation, et des circonstances extérieures, jouit de cette force, et de cette expansion, qui tentent de le conduire à la prépondérance.

Ainsi Napoléon était dans l'erreur lorsqu'il pensait avoir institué une *caste intermédiaire* « qui, disait-il, était démocratique, parce que l'on y entrait à toute heure et de partout, et qui était monarchique parce qu'elle ne pouvait pas mourir. » Quelques lignes plus bas, il définissait beaucoup mieux l'institution qu'il avait créée, en disant qu'elle n'était autre chose qu'une couronne civique ; tout ce qu'elle faisait était d'étendre l'arène de l'ambition particulière, et d'y fixer des points à la portée de tout le monde, par conséquent d'entretenir et de régler le mouvement général, ce qui la rendait très-concordante avec la diposition générale des choses et des esprits. On peut dire que l'institution de la noblesse et celle de la légion d'honneur, telles que Napoléon les avait conçues, étaient réellement la Révolution fixée et instituée ; et c'est un assez bel éloge ; mais, de ce terme à la constitution d'une monarchie, il y a encore loin, parce que des institutions mobiles, vagues et disséminées, ne fournissent pas des moyens de balancement, ni des points de résistance. Une Monarchie ne peut admettre que deux sortes d'intermédiaires entre le roi et le peuple ; il faut des classes privilégiées, ou un corps représentatif composé de deux chambres, l'une héréditaire, l'autre élective. Il est nécessaire de choisir entre la monarchie de Louis XIV et celle de Louis XVIII ; et aujourd'hui la monarchie de Louis XIV serait impossible, tandis qu'au 17ᵉ siècle, Louis XIV lui-même n'aurait pu constituer la monarchie représentative. Chaque fruit politique a son climat et sa saison.

Reconnaissons néanmoins que l'institution de la noblesse, telle que Napoléon l'avait conçue, semblait pouvoir fournir un jour les élémens d'une chambre héréditaire, liée au trône, par de grandes fortunes, par le beau privilége de l'hérédité, et au peuple, ainsi qu'à la révolution, par l'origine même de ces fortunes, et l'histoire des hommes qui les avaient fondées. Mais Napoléon ne songeait point à amener un tel résultat. Son esprit était conséquent ; le gouvernement représentatif ne pouvait, à ses yeux, se concilier avec l'idée d'une puissance très-forte, très-étendue ; et telle était la puissance que, dans son intention, il destinait éternellement à la France. Ce qui prouve qu'il ne songeait point à faire de la noblesse nouvelle une pépinière anticipée d'une chambre des pairs, c'est qu'il la multipliait sans mesure. On est porté à penser qu'en semant avec profusion sur des hommes nouveaux des titres antiques, il croyait avoir trouvé le moyen le plus direct d'effacer la noblesse féodale. Il est certain du moins que celle-ci murmurait et disparaissait.

LIVRE TROISIÈME.

Sa chute.

CHAPITRE PREMIER.

Ce n'est point encore que la chute de Napoléon commence ; mais c'est bientôt qu'elle se prépare.

Depuis le règne du grand Frédéric, et, plus particulièrement, depuis la première année de la révolution française, la Prusse était, sur le continent, l'ennemie acharnée de la France ; toute l'Europe s'attendait à ce qu'elle serait bientôt attaquée ; et elle ne pouvait rester étrangère à cette prévoyance générale.

Pour augmenter ses forces et se mettre en mesure, elle ne craint pas de fournir un prétexte ; elle s'empare du Hanovre ; l'Angleterre, qui, sans doute, désirait la voir en querelle, ne s'y oppose pas.

Mais Napoléon considère hautement cette invasion comme une provocation directe : il s'apprête à y répondre; il médite d'écraser, s'il lui est possible, la première puissance militaire de l'Europe ; c'est le moyen le plus rapide, le plus efficace, de débuter dans ses immenses projets.

En un mois, la Prusse est renversée ; la bataille d'Iéna rend Napoléon maître de Berlin et de Magdebourg ; et, ce qui étonne, il ne profite qu'à demi, ou du moins il profite mal d'un si extraordinaire avantage. Laissons-le, à cet égard, parler lui-même.

« L'empire avait acquis une immense prépondérance par la bataille d'Iéna ; le public commençait à regarder ma cause comme gagnée ; je m'en aperçus aux manières que l'on prit avec moi ; je commençai à le croire moi-même ; et cette bonne opinion m'a fait faire des fautes. »

.... « J'aurais dû changer la forme et le personnel de tous les États que la guerre mettait dans mes mains, parce que l'on ne fait pas des révolutions, en gardant les mêmes hommes et les mêmes choses. J'étais donc sûr en conservant ces gouvernemens, de les avoir toujours contre moi ; c'était des ennemis que je ressuscitais.

» Si je voulais, d'autre part, garder ces gouvernemens, faute de mieux, il fallait les rendre complices de ma grandeur, en leur faisant accepter, avec mon alliance, des territoires et des titres.

» En suivant l'un ou l'autre de ces plans, suivant l'occasion, j'aurais étendu rapidement les frontières de la révolution ; mes alliances auraient été solides ;

parce qu'elles auraient été faites avec les peuples ; je leur aurais apporté les avantages avec les principes de la révolution ; j'aurais éloigné d'eux le fléau de la guerre, dont ils ont été persécutés pendant vingt ans, et qui a fini par les révolter contre nous.

» Il est à croire que la majorité des nations du continent aurait accepté cette grande alliance, et l'Europe aurait été refondue sur un nouveau plan analogue à l'état de la civilisation.

» Je raisonnai bien, mais je fis le contraire. Au lieu de changer la dynastie prussienne, comme je l'en avais menacée, (quelle faute de faire une telle menace, et de ne pas l'exécuter !) je lui rendis ses États après les avoir morcelés. La Pologne ne me sut pas gré de n'avoir remis en liberté que la portion de son territoire dont la Prusse s'était emparée ; le royaume de Westphalie fut mécontent de ne pas obtenir davantage ; et la Prusse, furieuse de ce que je lui avais ôté, me jura une guerre éternelle.

» Je m'imaginai, je ne sais pourquoi, que des souverains, dépossédés par le droit de conquête, pouvaient devenir reconnaissans de la part qu'on leur laissait ; j'imaginai qu'ils pourraient, après tant de revers, s'allier de bonne foi avec nous, parce que c'était le parti le plus sûr (comme si, dans les âmes agitées par le ressentiment, il restait de la place pour la prudence !) j'imaginai pouvoir étendre ainsi les alliances de l'empire, sans me charger de l'odieux que les révolutions traînent après elles ; je trouvai enfin que c'était un grand rôle à jouer que celui d'ôter et de rendre des couronnes ; je m'y laissai séduire ; je me suis trompé, et les fautes ne se pardonnent jamais. »

C'est l'inconvénient majeur des situations très-élevées ; chaque impulsion, émanée de tels points, se propage sur une grande étendue de lieux et de temps ; ce qui fait que les moindres erreurs ont des suites très-importantes.

» Je voulus corriger au moins ce que j'avais fait en Prusse, en organisant la confédération du Rhin, parce que j'espérais contenir l'un par l'autre. Pour former cette confédération, j'ai agrandi les États de quelques Souverains aux dépens d'une cohue de petits Princes, qui ne servaient qu'à manger l'argent de leurs sujets, sans pouvoir leur être bons à rien. J'attachais ainsi à ma cause les Souverains d'ont j'avais grossi le volume, par les intérêts de leur agrandissement ; je les fis conquérans malgré eux ; mais ils se trouvèrent bien du métier ; ils ont fait volontiers cause commune avec moi ; ils ont été fidèles à cette cause tant qu'ils l'ont pu. »

Comment l'auraient-ils pu long-temps ? De petits États ne sont-ils pas dans la dépendance nécessaire des grands États qui les environnent ? ce système d'équilibre partiel, que Napoléon cherchait à établir, ne pouvait jamais être qu'un tâtonnement de l'équilibre des grandes masses. Celui-ci est le seul qui puisse avoir quelque durée ; il semble que c'était le but de la grande révolution européenne. Nous reviendrons sur cette importante considération.

Napoléon vient de nous démontrer, par son récit et ses aveux, que s'il avait un but dans la pensée, il n'avait pas arrêté d'avance le plan nécessaire pour l'atteindre. Son but était d'établir, snr l'Europe entière, la prépondérance du peuple français ; il avait à choisir entre deux marches opposées : fermeté, patience, modération, conciliation, et celle-là était la plus sûre, la plus honorable, ou bien envahissement rapide et sans ménagemens. Son caractère l'emportait vers celle-ci, et elle se montrait ordinairement dans sa politique ; mais, le lendemain d'un triomphe éclatant, il était si profondément satisfait qu'il devenait, à contre-temps, généreux, calme, modéré ; il prêtait aux vaincus les sentimens qui ne sont donnés que par la victoire ; il ne faisait ainsi qu'augmenter les difficultés du système le plus difficile. On ne réussit jamais que par l'unité.

Telle est l'inspiration qu'il aurait pu recevoir des mânes de Frédéric, lorsqu'il alla visiter le tombeau de ce grand homme. Ce fut le César des temps modernes : éclairé, réfléchi, autant que brave et audacieux, il posséda la science du cœur humain au même degré que la science militaire. On dit que Napoléon ne contempla ses restes silencieux qu'avec abattement et tristesse.

Cela n'étonne point; il voyait le terme inévitable de l'ambition et du pouvoir.

Mais de telles impressions sont fugitives dans l'âme de presque tous les hommes; l'âme de Napoléon était très-mobile, puisqu'elle était très-impétueuse; de plus, sa position, d'accord avec son caractère, ne lui permettait plus que les mouvemens de la plus vaste ambition. Maître de la Prusse, il s'élança vers la Russie.

Campagne terrible, campagne affreuse! l'histoire de la guerre n'aura jamais rien de plus lugubre, de plus horrible, que la bataille d'Eylau; Napoléon y déploya toute la dureté militaire, toute l'insensibilité des grands ambitieux pour les grandes souffrances, et les grandes destructions.

Cependant, cette bataille si sanglante ne fut pas décisive, et même elle épuisa tellement l'armée française que si les Russes, moins fatigués, l'eussent attaquée le lendemain, elle était exterminée. Dans les succès des hommes audacieux, il y aura toujours de grands coups de fortune.

La bataille de Friedland, véritable et éclatante victoire, amena l'entrevue, sur le Niemen, de Napoléon et d'Alexandre; c'est là réellement que Napoléon ceignit la couronne impériale; vainqueur du premier souverain de l'Europe, il ne lui demanda que son estime, son affection, et son alliance. L'histoire dira tout ce qu'il obtint à cette époque, et ce que, dans la suite, il conserva.

Le projet des deux souverains qui avaient conclu ensemble la paix de Tilsitt était, vaisemblablement, d'établir en Europe deux grandes divisions, celle du midi, dont la France serait devenue le centre, et celle du nord, sur laquelle la Russie aurait exercé la principale influence. Ce plan qui, au premier aspect, se montre grand, simple et salutaire, ne pouvait être exécuté. Dans le midi, l'Autriche n'aurait pu rester long-temps puissance subordonnée; dans le nord, l'Angleterre n'aurait pu être condamnée à un rôle subalterne; ces deux États, l'Angleterre et l'Autriche, sont l'un et l'autre assez forts pour prétendre à l'indépendance politique; d'ailleurs, entre l'Angleterre et la France, soit isolées, soit soutenues, il ne pouvait s'établir aucune pondération durable, parce que chacune voulait en Europe, et même sur le globe, la suprématie du commerce. Si, dans la lutte européenne, de quelque manière qu'elle fût engagée, la France ne cédait pas, l'Angleterre succombait; il s'agissait donc, en dernier résultat, pour Napoléon, d'abattre l'Angleterre, et pour l'Angleterre de renverser Napoléon.

De là naquirent, forcément et en concurrence, d'une part le blocus maritime, de l'autre le système continental; ces deux systèmes gigantesques d'aggression et de défense, se provoquèrent mutuellement, se fondèrent sur des nécessités semblables, se soutinrent par des efforts parallèles; mais ceux de l'Angleterre avaient pour eux les faveurs d'un rayonnement facile; par la destruction ou l'asservissement de toutes les marines de l'Europe, l'Amirauté de Londres était devenue comme présente à tous les points des mers ; de plus, tandis que, au sein même de la nation anglaise, le patriotisme pouvait soutenir les projets du gouvernement, et que l'intérêt individuel pouvait s'unir presque généralement aux mouvemens du patriotisme, il était encore possible et facile aux Anglais de faire accéder à leur plan le plus grand nombre des peuples européens; ceux-ci trouvaient presque tous un avantage direct à commercer avec l'Angleterre qui, soit en achetant leurs produits, soit en se chargeant seulement de les transporter ailleurs et de les vendre, était en état de les satisfaire au moins jusques à un certain point.

Au contraire, par le système de Napoléon, toute l'Europe était en souffrance ; c'était, pour toutes les nations du continent, un système d'austérité et de privations ; en sorte que pour l'établir généralement et avec permanence, il aurait fallu imprimer à toute l'Europe l'esprit modeste du christianisme, en même temps que le patriotisme ardent des Romains. Un tel effort, dans sa généralité, était manifestement impossible ; la France seule devait en recueillir immédiatement les fruits; comment espérer qu'en faveur d'une seule nation du continent, toutes les autres nations mettraient leur honneur et leur force à faire abnégation de leurs intérêts les plus pressans? Pour entraîner l'accession volontaire de tant de peuples divergens, il aurait fallu que tous ces peuples, réunis dans un même sentiment, rendissent à Napoléon un culte d'affection, d'estime, d'enthousiasme ; ce qui, dans l'état si discordant des mœurs et des opinions, n'aurait pu être qu'impossible, lors même que Napoléon n'aurait eu que d'admirables vertus, sans mélange de faiblesses et de défauts.

Il ne restait donc, pour faire exécuter le système continental, que la voie de la force, c'est-à-dire de l'oppression et de la violence. Or, comment maintenir l'exercice vigilant de l'oppression et de la violence sur une immense étendue de territoire, dont un si grand nombre de points ne pouvaient manquer de rester accessibles et découverts ? On peut comparer les efforts de Napoléon à ceux que ferait un physicien pour écarter d'un vase très-étendu, très-irrégulier, très-hétérogène, l'introduction de l'air atmosphérique. Il suffirait d'une légère issue pour que, malgré la vigueur et l'activité des pompes, l'intérieur du vase tendît sans cesse à se remplir ; et la puissance de l'équilibre, puissance constante, universelle, dans le monde matériel, comme dans le monde social, ne cesserait de créer, de forcer de nouvelles issues.

Une chose d'ailleurs devait manquer aux projets de Napoléon, et cela d'autant plus qu'il leur imprimait une extension considérable ; c'était, entre ses lieutenans et lui-même, l'identité de vues et de caractère. Obligé de donner des avant-corps à son édifice, et pour cela de créer, autour de la France, des États nouveaux, il éleva au rang de souverains les membres de sa famille; malheureusement, pour satisfaire de si grands besoins politiques, il ne fit à peu près que fonder autant d'écueils. Sa famille, semblable à toutes les familles nombreuses, était d'une composition très-inégale; l'un, tel que Jérôme, avilit et compromit les dignités que Napoléon lui confia. Louis, placé sur le trône de Hollande, homme bon et judicieux, mais vaporeux et faible, ne sut, ni résister énergiquement aux ordres de son frère, ni les exécuter avec vigueur. Joseph, non plus, ne sut pas choisir entre la docilité aveugle et la fermeté invincible; il voulut transiger sans cesse entre ses propres idées, qui étaient fort étroites, et celles de Napoléon qui n'avaient que trop d'étendue. Lucien avait de grands talens et un caractère audacieux; mais, tantôt par ambition personnelle, tantôt par rectitude de jugement, il ne cessa de se mettre en lutte avec Napoléon; les contrariétés qu'il lui suscita furent les plus cruelles. Napoléon ne put s'en délivrer que par des mouvemens de dureté et de violence; ce qui découvrit à ses ennemis un de ses côtés vulnérables, et affaiblit considérablement son ascendant sur l'opinion.

Quant aux sœurs de Napoléon, si l'on excepte l'épouse de Murat, elles furent, entre les mains du dictateur, des instrumens assez dociles.

En même-temps que Napoléon plaçait les membres

de sa famille sur les trônes adjacens à l'empire français, il offensait l'honneur et les intérêts de ces peuples réunis, en fondant, sur leur territoire, des fiefs en faveur de ses généraux et de ses administrateurs : c'était prendre trop durement les droits de la conquête ; c'était rappeler l'origine du régime féodal, à une époque destinée à l'abolir. Cette mesure d'exécution, humiliante et permanente, sépara entièrement sa cause de celle de la révolution européenne, et fonda, contre lui, de profonds ressentimens.

CHAPITRE II.

Le système continental, avons-nous dit, fut, depuis la paix de Tilsitt, la pensée principale de Napoléon ; c'est là pour ainsi dire, comme à la clé d'une voute, qu'aboutirent, de son gré, ou malgré lui, tous ses plans, toutes ses tentatives, tous les mouvemens qu'il exécuta ou qu'il imprima. Le but ultérieur de son système était la chute de l'Angleterre ; son but immédiat était de transporter sur le continent, et principalement en France, les grands foyers de l'insdutrie et du commerce. Pour commencer cet ouvrage violent, le premier acte fut de prohiber tous les produits de l'industrie anglaise, ou du moins, d'établir sur tout ce qui pouvait venir d'Angleterre, directement ou indirectement, des droits énormes qui équivalaient à une prohibition, mais qui, par cela même, excitaient vivement les spéculations de la contrebande.

Et c'était par tous les points de la circonférence du territoire que la contrebande cherchait à se faire ; il fallait les garder tous avec une excessive sévérité ; il fallait même établir la domination de la France, ou du moins sa forte influence sur tous les pays qui lui étaient adjacens.

Delà vint la nécessité de régner sur l'Espagne, car le Portugal était une colonie anglaise, et l'Espagne prêtait territoire à l'écoulement des marchandises qui entraient par le Portugal.

Un des premiers effets de la tentative même de domination sur l'Espagne, fut la fuite de la cour de Portugal, qui, d'épouvante ou de prévoyance, se retira au Brésil, événement qui devait concourir à changer la face du Nouveau-Monde.

La situation politique de l'Espagne, au moment où Napoléon songea à l'annexer à sa cause, était bien différente de celle où s'était trouvée la France, au moment où la révolution avait éclaté. En France, il y a trente ans, les hommes des classes élevées n'étaient pas les seuls qui eussent ouvert leur esprit aux idées philosophiques ; ces idées avaient également gagné le peuple : ainsi c'était le corps entier de la nation qui en était pénétré, ce qui rendait inévitable le renouvellement de toutes les institutions. Il n'en était pas de même en Espagne ; les hommes des premiers rangs qui avaient voyagé et participé à la civilisation européenne, étaient seuls éclairés ; or, c'est par le peuple que l'on fait les révolutions ; quand il y résiste, quand il s'y oppose, elles sont impossibles ; pour cette raison, la tentative de ces grands changemens ne peut alors amener que des bouleversemens affreux et inutiles.

Deux dogmes régnaient en Espagne sur l'opinion du peuple, le dogme de la légitimité de la famille régnante et le dogme catholique, l'un et l'autre assez ardens pour repousser avec fanatisme les attaques qui leur seraient livrées, l'un et l'autre, s'ils étaient opprimés, pouvant prendre les couleurs fortes du patriotisme et les couleurs horribles de la vengeance.

Napoléon attaque le premier de ces dogmes; aussitôt le peuple anglais, qui a exclus de son droit public la légitimité du trône, en devient le défenseur chez le peuple espagnol; et il annexe à cette cause celle du dogme catholique, que cependant il repousse également de son île. On a toujours vu, et l'on verra toujours que la force politique emploie les leviers de tous genres, parce que, étant la force la plus générale entre les hommes, tous les leviers humains lui appartiennent réellement. La conduite des Anglais, en cette circonstance, n'est point fourberie, elle est naturelle; elle est de droit; elle est motivée par la résistance à la destruction.

Le grand malheur pour Napoléon, à cette époque, c'est que les circonstances lui tendirent un piége; la division, déjà très-prononcée dans la famille régnante, et qu'il n'avait pas excitée, lui fournissait les moyens de saisir un trône sans coup férir; il crut devoir se hâter de mettre à profit une situation de choses ressemblante à celle qui s'était fréquemment présentée dans l'histoire des Romains. Mais il oubliait que les Romains, dont il imitait la conduite, ne rencontraient jamais, dans leurs usurpations, d'autre obstacle à renverser que celui de la force nationale ; le fanatisme religieux était étranger aux peuples leurs contemporains ; et il était rare que ceux-ci, lorsqu'ils étaient attaqués, trouvassent des appuis vigoureux dans les peuples de leur voisinage ; les communications entre peuples contigus n'étaient pas encore devenues faciles ; et, de plus, l'histoire de l'espèce humaine, encore mal recueillie, peu connue, ne frappait, ni les peuples, ni les rois, d'une forte prévoyance. Aujourd'hui, la facilité et la multiplicité des communications entre les États, les a tous rendus avertis et solidaires.

Napoléon était trop impatient, trop emporté, pour faire de ces réflexions générales, seul guide de la prudence ; dans l'impétuosité de ses désirs, il confondait tous les peuples et tous les temps.

On aime du moins à l'entendre avouer avec originalité et candeur les fautes que cette impétuosité lui fit commettre.

« J'ai eu tort, dit-il, de ne pas permettre à Ferdinand de rester sur le trône ; les choses auraient été de mal en pis en Espagne ; je me serais acquis le titre de protecteur du vieux roi en lui donnant un asile ; la nouveau gouvernement n'aurait pas manqué de se compromettre avec les Anglais; je lui aurais déclaré la guerre, tant en mon nom qu'au nom du vieux roi; l'Espagne aurait confié à son armée le sort de cette guerre, et dès qu'elle aurait été battue, la nation se serait soumise au droit de conquête; elle n'aurait pas même songé à murmurer, parce que, en disposant des pays conquis, on ne fait que suivre les usages reçus.

« Si j'avais été plus patient, j'aurais suivi cette marche; mais je crus que, le résultat étant le même, les Espagnols accepteraient *a priori* un changement de dynastie que la position des affaires rendait inévitable; je mis de la gaucherie dans cette entreprise, parce que je supprimai les gradations. »

.... «Cette nation, dont l'histoire n'a signalé que l'avarice et la férocité, était peu redoutable devant l'ennemi; elle fuyait à la vue de mes soldats; mais elle les assassinait par derrière; ils en étaient révoltés; ils avaient les armes à la main; ils usaient de représailles. De représailles en représailles, cette guerre est devenue une arène d'atrocité.

» J'ai senti qu'elle imprimait un caractère de violence à mon règne, qu'elle était d'un exemple dangereux pour les peuples, et funeste pour l'armée, parce qu'elle consommait beaucoup d'hommes et fatiguait le soldat; j'ai senti qu'elle avait été mal commencée; mais une fois que cette guerre avait été entamée, il n'était plus possible de l'abandonner ; car le plus petit revers enflait mes ennemis, et mettait l'Europe en armes. »

En parlant ainsi, Napoléon prononçait une vérité fatale ; toute l'Europe était irrévocablement soulevée ; quelque temps encore, il pouvait la comprimer ; il ne pouvait plus ni la ramener, ni la vaincre ; telle était désormais la destinée terrible qu'il s'était faite ; il ne lui restait qu'à reculer sa chute, mais pour en creuser plus profondément l'abîme.

CHAPITRE III.

L'Autriche montra bientôt avec quelle opiniâtreté elle avait pris la résolution de combattre Napoléon. Il s'était rendu en Espagne; il y faisait aux Anglais une guerre vive et habile; il allait les contraindre à quitter, temporairement, la péninsule; l'Autriche arme avec rapidité; elle cherche de nouveau à le surprendre; toujours liée à la cause des Anglais, elle fait de nouveau en leur faveur une diversion violente. Napoléon abandonne l'Espagne, traverse la France, vole sur le Danube; une moitié de son armée périt dans le fleuve; l'autre moitié gagne la bataille de Wagram.

Chose remarquable! la veille même de cette victoire éclatante, la Belgique était envahie par les Anglais; ils payaient à l'Autriche la dette de la reconnaissance.

Les Anglais reculent, et même avec précipitation et désordre. Mais c'est donc contre une hydre sans cesse renaissante que Napoléon est contraint de lutter!

Il sent alors le besoin de se donner une alliance imposante; il profite de sa victoire pour réclamer celle de l'Autriche; il a appris, à Wagram, combien cette puissance a de ténacité et de force, et il en voit les causes; «Les événemens, dit-il, ne dérangent jamais sa politique; l'État est une oligarchie; or les oligarchies ne changent jamais d'opinions, parce que leurs intérêts sont toujours les mêmes; elles font mal tout ce qu'elles font, mais elles font toujours, parce qu'elles ne meurent jamais; elles n'obtiennent jamais de succès, mais elles supportent admirablement les revers, parce qu'elles les supportent en société. L'Autriche a dû quatre fois son salut à cette forme de gouvernement. »

L'exemple de l'Angleterre, dont la constitution est fortement trempée d'oligarchie, prouve que cette forme de gouvernement donne aussi la faculté d'obtenir des succès; tant qu'elle est possible, elle est très-bonne; depuis plus d'un demi-siècle, elle n'est plus possible en France.

Napoléon donna une pompe extraordinaire à son union avec Marie-Louise; mais il ne put empêcher que tant de fêtes brillantes ne fussent enveloppées d'un voile de tristesse. Marie-Louise, dont la famille était si nombreuse, venait seule en France; ni un frère, ni un oncle, ni une sœur ne l'accompagnaient! Pouvait-on croire qu'il s'établissait un lien d'affection et de confiance entre Napoléon et la cour de Vienne, lorsque celle-ci semblait affecter une sécheresse qui n'était point dans ses mœurs? et en quoi consiste un lien de famille, lorsqu'il n'est pas serré par l'affection et la confiance?

D'ailleurs, telle était la pente des sentimens généraux en Europe, Napoléon ne pouvait contracter une grande alliance qu'en se donnant un grand ennemi. Ainsi, dès l'instant où il eut contraint la cour de Vienne à faire ce que, postérieurement, elle a appelé un immense sacrifice, il fournit aux Anglais les moyens d'exciter l'animosité de la Russie ; en sorte qu'en acquérant, d'un côté, un appui plus qu'équivoque, il augmentait, d'un autre côté, les désavantages de sa position.

Il s'abusait encore en pensant que depuis son alliance éclatante, tous les Souverains devaient être intéressés à soutenir son trône ; ce n'était pas moins un trône nouveau, quoique partagé par une femme de maison régnante ; et ce lustre d'alliance était plus qu'effacé par la haine personnelle qu'il avait eu le tort d'inspirer. A mesure que l'on s'élève, la saine politique ordonne d'être modeste et affable, parce qu'il faut se faire pardonner son élévation ; mais comme soi-même on en est flatté, ébloui, on imagine qu'elle ne concilie qu'admiration et suffrages.

CHAPITRE IV.

Napoléon négligea de retourner en Espagne après la campagne de Wagram; il se le reprocha, car la situation des Français y devint de jour en jour plus malheureuse. Mais, tel était l'inconvénient fatal de l'excessive complication de mouvemens, de projets, de difficultés, dont il était devenu le centre : partout où il n'était pas, tout souffrait; pour balancer les effets de ces désavantages lointains, il forçait outre mesure tous les moyens d'action partout où il se trouvait; c'est ainsi qu'il entraînait doublement la rupture de l'équilibre.

Ses finances surtout, exposées à l'accroissement rapide de besoins effrayans, le mirent dans la nécessité de créer des impôts intolérables, et, comme ils ne suffisaient pas, de recourir aux expédiens les plus funestes.

Il dénatura entièrement le système continental, son principal objet; il le rendit illusoire, inconséquent, odieux, en établissant, à son profit, le régime des licences. Par l'interdiction du commerce anglais, il avait donné un élan salutaire à l'industrie française; mais l'écoulement des produits ne pouvant se faire qu'avec des difficultés extrêmes, et l'entrée de toutes les denrées coloniales étant chargée de droits exhorbitans, les manufacturiers ne furent plus en état d'acheter avec abondance les matières premières. Napoléon fut obligé de soutenir ces manufacturiers aux dépens du trésor; et comme de tels secours ne pouvaient être que faibles et précaires, le prix des tissus français, et généralement de tous les produits de l'industrie française, se maintint à une élévation qui appela la contrebande. Tout le régime militaire établi sur les pays nouvellement conquis, et sur nos côtes, n'empêcha point les produits des manufactures anglaises de s'introduire avec abondance. Napoléon se vit contraint de porter une loi révoltante ; il ordonna de brûler tout ce qui venait des Anglais. Ce décret effraya, et par le ton de colère dont il était empreint, et par la manière dont il fut exécuté; un grand nombre de spéculateurs français en éprouvèrent le contre-coup, et propagèrent sur tous les points de la France les cris des Anglais ; mais les manufactures françaises reprirent quelque avantage.

Quel enchaînement de travaux et de peines ! quelle situation critique ! de partout naissaient avec acharnement des contrariétés violentes. Rome était devenue, à l'instigation des Anglais, un foyer de séditions politiques ; l'Italie était menacée de tomber dans une situation semblable à celle de l'Espagne ; et les Anglais auraient eu les mêmes facilités de s'y porter et de s'y défendre. L'occupation de Rome se trouva commandée par la nécessité de les prévenir.

Ce coup d'autorité causa une irritation profonde, suivie de mouvemens secrets, de conspirations sourdes, mais très-actives, très-étendues, qui déterminèrent Napoléon à enlever le pape, et à le faire conduire à Savone. Rome alors fut réunie à la France ; et comme de telles mesures entraînent la nécessité de mesures successivement plus fortes, il fallut encore tirer le pape de Savone, et le transférer à Fontainebleau.

« Cette petite guerre, dit Napoléon, a été d'un mauvais effet, parce que je n'ai pu lui ôter le caractère de persécution. Il fallait sévir forcément contre des gens désarmés, et j'en faisais, malgré moi, des victimes. Ces malheureuses affaires de l'église m'ont fait jusqu'à cinq cents prisonniers d'état. La politique n'en a pas donné cinquante. J'ai eu tort dans toute cette affaire ; j'étais assez fort pour laisser courir les faibles, et j'ai fait beaucoup de mal en voulant le prévenir ».

C'était beaucoup plutôt qu'il fallait faire ces réflexions judicieuses ; car depuis long-temps, les fausses démarches, les résolutions funestes ou téméraires, s'engrénaient mutuellement comme les roues d'un système qui, du moteur même, reçoit une fatale impulsion.

Voici encore un exemple de cette précipitation inconsidérée.

Imitateur du peuple romain dans tout ce qui portait un caractère de domination, Napoléon voulut, comme l'illustre sénat, user du droit de conquête pour étendre la langue du peuple vainqueur. C'était, en apparence, un moyen prompt et efficace de fonder l'autorité de la métropole. Mais les temps étaient bien différens; et généralement la connaissance raisonnée de cette différence paraît, comme nous l'avons dit, avoir manqué à Napoléon, ou bien avoir été écartée par son impatience. Parmi les peuples que la force des armes soumettait aux Romains, il n'en était point qui, au moment de leur défaite, eussent le droit de tenir vivement au langage national; les Grecs, entr'autres, affaiblis alors par l'excès de la civilisation, n'avaient plus de grands orateurs, de grands poëtes, de grands écrivains; ils n'étaient grands que de souvenir; et tout sentiment réduit à un souvenir est bien près d'être devenu sans énergie.

Parmi les peuples Européens sur lesquels Napoléon étendait sa puissance, il en était quelques-uns sans doute, tels que les Italiens et les Espagnols, qui n'avaient plus de prétentions à une gloire littéraire, qui du moins étaient contraints de reconnaître, soit tacitement, soit avec franchise, l'immense supériorité de la littérature française. Mais les peuples allemands se distinguaient, à la même époque, par de grandes productions en tout genre; la littérature allemande était, sinon très-pure, très-régulière, du moins très-féconde, très-variée. Par cela même qu'elle se composait d'ouvrages nébuleux en métaphysique, et exagérés en sentiment, elle manifestait, dans l'esprit général de la nation, une affection fervente pour la langue nationale. C'était, par conséquent, insulter et irriter ces peuples que de leur imposer le joug d'une langue étrangère ; c'était exiger que l'un des principaux fondemens de leur esprit patriotique, de leur honneur national, devînt pour eux un objet de mépris, ou du moins d'indifférence. Un tel genre d'oppression, qui s'adresse à des sentimens nobles et généreux, est un de ceux qui donnent le plus de profondeur et d'amertume à l'animosité publique. Napoléon aurait dû se borner à encourager la propagation de la langue française en Allemagne, mais non la commander ; et, à l'aide de peu de temps, les charmes de notre littérature, secondés par les ambitions individuelles, et la multiplicité des relations, auraient fait de notre langue la langue vulgaire de tous les peuples conquis.

Que l'on me permette encore quelques réflexions importantes ; elles me ramèneront à mon sujet.

Les Romains étaient dans la situation la plus heureuse où puisse se trouver un peuple conquérant ; autour d'eux, tout était faible ou barbare ; l'esprit de conquête, dans ce peuple, pouvait s'allier aux sentimens les plus élevés, parce qu'il pouvait être accompagné d'intentions réellement utiles et sociales ; aussi, la politique romaine, simple, uniforme et fière, n'était pas celle d'un homme, ou d'un certain nombre d'hommes, c'était celle d'un peuple entier, qui voyait son but, y allait avec ensemble, se glorifiait d'y prétendre, et gardait ses mœurs, ses principes, lors même qu'il y était arrivé. Sans doute le sénat dirigeait l'action nationale; mais c'était l'esprit national qui dirigeait les résolutions du sénat. Voila pourquoi on voyait une république garder dans ses projets, et dans sa marche, l'unité et la constance qui semblent ne pouvoir appartenir qu'aux gouvernemens monarchiques.

Ce phénomène politique ne se présentera plus; il tenait à un concours de circonstances que l'état actuel et futur du genre humain ne pourra plus reproduire. La découverte de l'imprimerie, l'exploration générale du globe, les progrès universels de l'industrie et du commerce, feront toujours exister, en même temps, et en concurrence, un certain nombre de peuples, trop rapprochés les uns des autres par leur état de civilisation, pour que la domination de l'un d'entre eux puisse devenir manifeste et soutenue.

Aussi, lorsque le peuple français s'est rendu conquérant, ce n'était point d'abord avec l'intention d'envahir le monde; c'était uniquement dans l'objet, ignoré par lui-même, de dépenser l'agitation extrême que son impétueuse révolution lui avait imprimé. Il est évident que sans un chef, et un chef absolu, l'agitation, la fermentation, la révolution, se seraient maintenues jusque dans les mouvemens militaires; ce qui les aurait rendus horriblement désordonnés. Mais il n'est pas moins évident qu'un homme capable, en de telles circonstances, de se rendre chef absolu, ne devait concevoir aucunes bornes à la force de son ascendant et à la puissance de son caractère.

C'est ainsi que, méconnaissant le terme au-delà duquel son action devait cesser d'être juste, utile et salutaire, il ne pouvait que se renverser un jour lui-même par la gradation toujours croissante de son exagération et de ses excès.

Nous voici arrivés à l'époque où cette gradation est d'une rapidité effrayante.

CHAPITRE V.

Il est indubitable que l'empereur Alexandre avait signé de très-bonne foi le traité de Tilsitt; son intention était d'en remplir toutes les conditions : la principale était l'exclusion du commerce anglais des ports de la Russie. Les Anglais semblaient avoir pris à tâche d'affermir cette disposition, non-seulement dans l'âme d'Alexandre, mais dans celle de tous les souverains d'Europe. Deux mois ne s'étaient pas encore écoulés, qu'ils se permettaient un acte extraordinaire de despotisme et de violence. Que demandait le roi de Danemarck? Depuis long-temps père et ami de ses sujets, il voulait continuer de faire leur bonheur à l'aide d'une neutralité paisible. Les Anglais lui ordonnent de se déclarer en leur faveur; il s'y refuse; sa capitale est brûlée, sa flotte est enlevée, son peuple est écrasé. Le même sort menace en Europe, et jusqu'en Amérique, tous les peuples maritimes. Que d'avantages Napoléon aurait pu retirer d'une telle tyrannie !

Mais, à une violence semblable à celle des Anglais, il joint une arrogance intolérable et une insatiable cupidité. Hambourg était une ville libre; gouvernée avec douceur, elle était devenue un centre de confiance pour le commerce de toute l'Europe. Sous prétexte qu'elle sert d'entrepôt aux marchandises anglaises, Napoléon s'empare des trésors qui y étaient accumulés; il en fait une place forte et lui impose un gouvernement militaire; les malheureux habitans sont froissés dans tous leurs intérêts et toutes leurs habitudes.

Son exigence ne connaissant plus de bornes, il prend, à l'égard d'Alexandre même, le ton de la hauteur et de l'insulte. Tous les peuples soumis à la domination de ce Prince éprouvent un sentiment d'indignation; ils se sentent offensés dans la personne d'un Souverain qui, aux droits de Monarque absolu, a su joindre ceux de bienfaiteur de ses peuples. Ils le pressent de se déclarer en faveur des Anglais contre un homme qui les flétrit et les opprime.

Alexandre résiste le plus long-temps possible; il tient à la foi jurée; mais la nécessité, plus forte que ses engagemens, lui fait désirer que la rigueur en soit adoucie; Napoléon, au contraire, exige qu'elle soit augmentée; il commande à un Monarque paternel d'opprimer ses sujets.

Pour l'y contraindre, il rassemble une armée immense, dont il couvre les frontières de ses États; et comme de telles menaces restent inutiles, il marche et envahit.

Dès son entrée sur le territoire russe, il débute par une proclamation d'une jactance puérile et insensée;

il promet à son armée qu'avant la fin de juillet, c'est-à-dire dans six semaines, elle aura planté sur les tours de Pétersbourg ses aigles triomphantes ; il n'en fallait pas davantage pour présager d'épouvantables catastrophes.

On a répandu que l'une des sœurs d'Alexandre avait refusé la main de Napoléon, et que ce refus était l'une des causes principales du ton d'insulte et d'irritation qu'il se permettait à l'égard de cet auguste Monarque. Si cela est, une telle irritation était une grande faiblesse, et signalait Napoléon comme devenu incapable de maîtriser les hommes et les événemens. Pour posséder une telle puissance, il faut être parvenu à se maîtriser soi-même, surtout dans les mouvemens qui émanent de l'amour-propre.

Ce fut dès le moment où la proclamation de Napoléon se répandit en Europe, que toutes les dispositions des Souverains, et même des peuples, lui devinrent unanimement contraires. Cependant, cette unanimité ne pouvait encore être réalisée ; le torrent que Napoléon avait formé et dirigé entraînait encore, dans le sens de son cours, la Prusse, la Confédération du Rhin, et même l'Autriche ; mais tous ces auxiliaires forcés ne songeaient qu'à rompre un lien qui n'était plus qu'un joug insupportable.

Il était évident que l'Autriche, en refusant d'abandonner la partie de la Pologne qui lui était échue dans le fameux partage, et de concourir ainsi au rétablissement de la barrière européenne contre les mouvemens de la Russie, troublait tout le plan de Napoléon; ce qui aurait dû le tenir en défiance. Mais quel parti suivre? commander de force l'intégrité de l'indépendance polonaise, c'était irriter l'Autriche; c'était lui fournir un motif direct de changer son alliance en opposition.

C'est alors que l'on reprocha vivement à Napoléon, et qu'il se reprocha lui-même, « d'avoir négligé, pendant la première campagne de Pologne, le parti qu'il pouvait tirer des Polonais; c'est, dit il, la plus grande faute de son règne. » Il l'atténue immédiatement après, en ajoutant : « Je savais qu'il était essentiel de relever ce pays pour en faire une barrière à la Russie, et un contre-poids à l'Autriche; mais les circonstances ne furent pas assez heureuses à cette époque pour réaliser ce plan. D'ailleurs, les Polonais m'ont paru peu propres à remplir mes vues. C'est un peuple passionné et léger. Tout se fait chez eux par fantaisie, et rien par système; leur enthousiasme est violent; mais ils ne savent, ni le régler, ni le perpétuer. Cette nation porte sa ruine dans son caractère. Peut-être qu'en donnant aux Polonais un plan, un système, et un point d'appui, ils auraient pu se former avec le temps. »

Cette citation du mémoire de Napoléon, montre combien, dans sa pensée, il y avait naturellement de divagation et d'incohérence. Comment un peuple qui porte sa ruine dans son caractère, pourrait-il se former avec le temps; et quel point d'appui fournir à une constitution nationale en Pologne? A moins que l'empire français ne devînt limitrophe, quel autre peuple pouvait défendre la Pologne contre les trois monarchies absolues au sein desquelles ce pays est enclavé? Les monarchies formées vaincront et dévoreront toujours les républiques de leur voisinage, parce que la force prépondérante est toujours celle de l'unité.

Il paraît que Napoléon avait d'abord projeté de faire en deux campagnes la grande expédition de Russie. Plusieurs causes l'entraînèrent sans doute; et d'abord l'impatience de son caractère; en second lieu, certaines circonstances favorables, telles que l'état d'hostilité entre la Porte et la Russie, entre l'Angleterre et les États-Unis, pouvaient ne pas avoir la permanence d'une année. Enfin, son armée, en y comprenant son immense appareil, était de cinq cent mille hommes; des corps si effrayans, par le nombre et l'exigence, ne peuvent jamais être stationnaires; il leur suffit de peu de jours pour dévorer tout un pays.

Et telles sont aujourd'hui les habitudes militaires de toute l'Europe, habitudes dont il est inutile de se plaindre; elles ne changeront que lorsque le temps aura amené la dégradation matérielle de ce beau continent. Lorsque l'on compare les guerres de Turenne avec celles de notre siècle, et que l'on rapproche la touchante avarice avec laquelle ce grand homme ménageait le sang des soldats, de la cruelle prodigalité avec laquelle nos généraux le répandent, on oublie que, sous Louis XIV, un soldat était précieux, parce que la population, faible encore, et très-occupée, n'offrait pas au recrutement des moyens abondans et faciles. Depuis un demi-siècle les hommes sont devenus si nombreux, et en quelques points si superflus, que tous les Souverains ont augmenté indéfiniment leur état militaire, et ont fait d'avance, et sans regret, une grande part aux destructions sanglantes. Triste et flétrissante compensation de la prospérité sociale! En tout genre on devient, à la fois, indifférent et prodigue, lorsque l'on est dans l'abondance.

Ajoutons, pour expliquer l'extraordinaire témérité de Napoléon lorsqu'il se précipita sur les provinces de Russie, que, dans cette circonstance fatale, lui-même et son armée exerçaient mutuellement l'un sur l'autre une action d'entraînement. L'armée était dans un délire de zèle et d'espérance qui ne pouvait manquer de se réfléchir sur son chef, et qui ne tirait pas uniquement de lui son origine. Toute grande réunion d'hommes jette aisément dans l'exaltation et le prestige chacun de ceux qui la composent; cela est vrai surtout lorsque cette réunion, formée d'hommes braves, audacieux, est distribuée avec ordre, et environnée d'un grand appareil. Alors, l'excès d'irréflexion est le fruit inévitable de l'excès d'enthousiasme.

On assure que l'irréflexion de l'armée fut bien moins

opiniâtre que celle de Napoléon : cela ne doit point surprendre ; on se lasse plutôt d'être victime que sacrificateur ; et il était peu de soldats qui, dès les premières marches sur cette terre barbare, n'eussent la faculté de pressentir tout ce qu'elle allait enfanter de fléaux.

Les Français s'avancent, et à pas de géant ; chaque jour, une ville occupée, ou une victoire remportée ; mais, chaque jour, plus de ravages encore de la part des Russes que de la part des Français.

L'armée découvre enfin l'immense ville de Moscou ; son zèle se ranime ; elle va réparer toutes ses pertes, se dédommager de toutes ses privations, se reposer de toutes ses fatigues !.... et le feu consume toute sa conquête, dévore toutes ses espérances !...

En même temps, l'Angleterre entraîne la Porte à faire la paix avec la Russie, ce qui ramène une nouvelle armée des bords de la mer Noire ; et à l'autre extrémité de l'Europe, un Français, assis sur le trône de Suède, porte l'animosité contre Napoléon jusques à se déclarer l'ennemi des Français !

Ainsi Napoléon va être cerné par les hommes et la nature !

On dit que, dans une situation si désastreuse, il ne craignit pas cependant d'envoyer proposer à Alexandre une paix oppressive, humiliante, et qu'Alexandre lui répondit: « pour vous la campagne est terminée ; elle commence pour moi. »

Comment ce mot terrible, rendu si vraisemblable par l'incendie de Moscou, et le plan de défense qui l'avait précédé, ne put-il imprimer à Napoléon une frayeur salutaire? Comment ne voyait-il pas, à la lueur des flammes de Moscou, toutes les profondeurs de l'abîme creusé par son imprudence? Comment ne pensait-il pas que l'armée russe n'avait résisté à demi jusqu'à Moscou que pour attirer l'armée française au centre d'immenses et affreux déserts?

Mais pour un homme du caractère de Napoléon, et que tant de succès avaient exalté jusqu'à la démence, une seule idée était horrible, c'était de céder volontairement à la puissance de l'homme, c'était de s'exposer à l'humiliation d'avoir abandonné lui-même ses gigantesques projets; par son opiniâtreté monstrueuse, il mettait toutes les forces de l'homme, et toutes celles de la nature, dans la nécessité de se réunir pour l'écraser.

Toutes les forces de la nature ne répondirent que trop à cet appel épouvantable; l'hiver de 1812 se trouva, non-seulement d'une rigueur excessive, mais singulièrement anticipé; il sembla que l'incendie de Moscou eût donné, aux vents du pôle, le plus affreux signal.

Cette pensée, qu'un poëte pourrait saisir, n'est peut-être point sans réalité. Je crois avoir démontré dans l'explication des vents (Système universel), que, nécessairement, la somme générale des mouvemens de l'air étant toujours la même, en prenant l'ensemble du globe et l'ensemble de l'année, il suffit d'un accident remarquable, comme l'éruption d'un volcan, pour déterminer, de la part des vents, une direction impétueuse, et qui semble irrégulière, tandis qu'elle n'est qu'une réaction des forces générales contre la rupture de la régularité. Cette direction une fois prononcée se maintient comme celle d'un torrent.

On sent qu'un vaste et violent incendie peut jeter brusquement, au sein de l'atmosphère, le même trouble que l'éruption d'un volcan.

Mais c'est là une de ces considérations que je ne présente que sous forme de conjectures, seulement pour rappeler la liaison naturelle de tous les grands effets, et combien la connaissance des lois universelles pourrait être utile aux chefs politiques et militaires des nations.

Napoléon aurait connu d'avance, et dans toute son étendue, la puissance irrésistible des lois universelles, qu'il les eut encore bravées; il s'était fait, par excès d'orgueil et d'audace, les maximes les plus fausses, les plus funestes ; pour le peindre avec exactitude, il suffit de celle-ci :

« Ébranlé moi-même par la vue de ce désastre (la retraite de Moscou), j'eus besoin de me rappeler qu'un Souverain ne doit *jamais* ni plier ni s'attendrir. »

Jamais! comme si pour être dignement Souverain, il fallait avoir le malheur de n'être jamais homme, et le tort de n'être jamais modeste!

CHAPITRE VI.

Les désastres de cette affreuse campagne donnèrent aux Prussiens et aux Autrichiens la hardiesse, ou du moins leur fournirent l'occasion d'abandonner une cause à laquelle ils étaient très-impatiens de pouvoir échapper. Napoléon aurait pu y trouver lui-même l'occasion heureuse de borner sa puissance sans paraître céder à la puissance de ses ennemis; sa résolution aurait pu être motivée sur les fléaux dont la nature l'avait accablé; il lui restait encore un magnifique empire; car on ne peut douter aujourd'hui que si, à cette époque, il eut offert la paix, et s'il fut parvenu à persuader que ses vœux de pacification étaient sincères, il aurait obtenu des conditions avantageuses; on peut être certain du moins que la France n'aurait eu, vers le nord, d'autres limites que le Rhin.

Mais il croyait posséder encore, au-delà du Rhin, assez de territoire, assez de places fortes, assez de Rois, assez de peuples, pour relever tous ses projets.

Il commande aux Français de partager ses illusions fatales, et une immense quantité de jeunes gens, d'armes, de munitions de guerre, est de nouveau mise à sa disposition.

Mais le temps d'exercer ces nouveaux soldats, d'organiser une grande armée, de lui donner surtout l'appui d'une cavalerie formidable, ne lui est pas laissé. Les grandes nations qu'il a si long-temps opprimées, sentent la nécessité de le prendre brusquement au dépourvu, afin de profiter de leurs avantages; en lutte avec un homme comme Napoléon, dictateur du peuple français, on ne pouvait prévenir un nouveau joug que par une extrême diligence.

Elle se montra dans les préparatifs et les mouvemens de la Russie, de la Prusse, de l'Autriche même; et, à ce spectacle donné, pour la première fois, par toute l'Europe, Napoléon aurait dû reconnaître que l'activité du peuple français s'était enfin communiquée à tous les peuples; ce qui devait le conduire à cette autre pensée : que ses ennemis avaient sans doute fini par apprendre la tactique violente dont il était le créateur; ce qui lui en enlevait les avantages. Il devait tâcher d'arrêter la guerre au moment où ses innovations ne lui appartenaient plus.

Mais proclamer lui-même l'abandon d'une domination fastueuse, consentir lui-même à la réduction de sa puissance, aller seulement de quelques mois, de quelques jours, au devant de la nécessité, afin de la rendre moins rigoureuse, voilà encore tout ce qu'il jugeait impossible. « Un souverain ne doit jamais ni plier ni s'attendrir! »

Il est vraisemblable que les Anglais jugeaient sainement l'inflexibilité de Napoléon dans les voies de l'ambition et du despotisme; on ne peut douter que, dans le conseil des Rois, ils ne le représentassent tel que la nature l'avait formé, et que l'expérience l'avait montré, insatiable de puissance. Cependant, chose très-remarquable, ils ne parvenaient point à détourner l'Empereur de Russie et l'Empereur d'Autriche de traiter avec lui; ils ne l'entraînaient point à méditer sa chute, soit que, pour l'honneur des trônes, ces deux Monarques tinssent l'un et l'autre à la stabilité d'un trône qu'ils avaient reconnu, soit que Marie-Louise et son fils fussent pour Napoléon une égide politique, soit enfin que l'ambition de l'Angleterre fut secrètement aussi odieuse, plus odieuse même que celle de la France, et qu'il en coûtât vivement aux grands Souverains d'abattre un peuple qu'ils aimaient en le redoutant, pour en élever un qu'ils redoutaient sans éprouver, en sa faveur, la même affection.

C'est peut-être pour toutes ces causes réunies qu'en 1813, au moment d'ouvrir la campagne, l'Empereur de Russie et l'Empereur d'Autriche offrirent la paix à Napoléon, ils la sollicitèrent même; l'Autriche se porta avec instance comme médiatrice. Napoléon refusa; les conditions qui lui étaient proposées auraient pu sans doute lui paraître dures avant la campagne de Moscou ; mais jugées sur la situation où il serait jeté par la perte d'une seule bataille, elles étaient très-modérées. On lui demandait la restitution des provinces illyriennes et des villes anséatiques, l'abandon des royaumes d'Italie et de Hollande à des Souverains indépendans, la liberté de l'Espagne, et le retour du Pape à Rome ; on lui laissait le protectorat de la Confédération du Rhin, et sa médiation en Suisse. Les limites de la France étaient fixées au fleuve du Rhin.

« Si j'avais consenti à recevoir la paix, dit-il, l'Empire aurait déchu plus vite qu'il ne s'était élevé ».

C'est ce qu'il devait penser dans la disposition essentiellement agressive de son caractère ; car si, par la signature de la paix, ce même caractère avait pu être transmis à l'Empereur d'Autriche et à l'Empereur de Russie, l'affaiblissement de l'Empire Français n'aurait certainement servi qu'à préparer et amener les moyens de consommer sa destruction. Mais les événemens postérieurs ont montré que l'Empereur Alexandre et l'Empereur François méritaient confiance, et par leurs intentions, et par les forces à l'aide desquelles ils voulaient maintenir la balance Européenne. Si Napoléon lui-même avait pu prendre de la bonne foi et de la modération, l'avenir aurait pu amener une nouvelle coalition, non contre la France, mais, au contraire, de la France et de tout le continent contre l'Angleterre.

Mais, ne négligeons pas de le rappeler, la nature est constante dans ce balancement d'avantages et de défauts qui produit l'unité de chaque caractère. Après avoir fait de Napoléon une merveille d'audace et d'énergie, elle ne pouvait pas en faire une merveille de sagesse et de véritable magnanimité.

CHAPITRE VII.

Dès le début de cette campagne terrible, la fortune militaire de Napoléon sembla s'être conciliée de nouveau avec son caractère pour l'entraîner à des fautes immenses. « J'attaquai, dit-il, l'armée Prusso-Russe, et je la battis trois fois. »

L'Autriche, qui n'avait point engagé ses forces, renouvela sa médiation. Quel moment à saisir ! La paix aurait pu être négociée d'une manière si sûre, si honorable ! Les Français sont généreux ; les concessions de Napoléon, après les journées de Lutzen et de Bautzen, auraient relevé son ascendant sur l'opinion publique, parce qu'elles auraient passé pour un triomphe de la prudence, et non pour un acte de résignation.

Napoléon fut loin de voir ainsi ; et tous les motifs de ses déterminations furent autant de grandes erreurs. « L'Autriche, dit-il, en s'élevant au rôle de médiateur, rompait notre alliance et s'unissait à l'ennemi. » Il n'y avait donc pas de milieu ! toute neutralité, toute disposition conciliante était impossible ! « En restituant les villes anséatiques, j'apprenais que je pouvais ren dre, et tout le monde aurait voulu ravoir son indépendance ; je mettais l'insurrection dans tous les pays réunis. » C'était donc un joug de fer qu'il voulait y maintenir, même après la cessation de la guerre ! « En abandonnant l'Espagne, j'encourageais toutes les résistances. » Et la force de l'Empire Français, secondée par l'accession de tous les grands Souverains, n'aurait donc pas suffi pour les réprimer ! « Les chances de la paix m'étaient toutes funestes ; celles de la guerre pouvaient me sauver. » Elles ne le pouvaient plus ; car le triomphe d'une réaction unanime et bien décidée était inévitable ; tout ce que Napoléon pouvait faire était de le suspendre, de le reculer, et par là, de le rendre un jour plus accablant, plus prononcé.

« Il faut le dire, ajoute-t-il, de trop grands succès et de trop grands revers avaient marqué mon histoire, pour qu'il me fût possible alors de remettre la partie à un autre jour. Il fallait que la grande révolution du dix-neuvième siècle s'achevât sans retour, ou qu'elle s'étouffât sous un monceau de morts ; le monde entier était en présence pour décider cette question. »

La grande révolution du dix-neuvième siècle était en mouvement absolu et nécessaire ; elle ne dépendait plus des accidens ; et les victoires de Napoléon, ainsi que ses défaites, ne pouvaient être que des accidens plus ou moins mémorables : qu'il s'affermît sur le trône ou qu'il en tombât, ce n'était qu'un homme très-remarquable mis en évidence ou écarté ; la génération entière devait rester, et avec elle ses nouveaux intérêts, ses idées nouvelles. Voilà ce que Napoléon n'apercevait pas, soit que ses idées ne se fussent point élevées à une haute étendue, soit, ce qui est plus vraisemblable, que son orgueil opprimât son jugement, en le portant à considérer toute la révolution comme abritée sous son pouvoir, et concentrée dans son existence.

Il refusa la paix, et ce fut alors que son opiniâtreté porta à l'excès l'irritation européenne; il se confia à son armée, à ses dispositions militaires, à ses manœuvres, et, en peu de jours, tout son plan de campagne fut renversé.

Écoutons maintenant son propre récit :

« J'étais battu, j'ordonnai la retraite; j'étais encore assez fort pour reprendre l'offensive, en changeant de terrain. Je ne voulus pas perdre l'avantage des places que j'occupais, puisqu'avec une seule victoire, je me retrouvais maître du Nord jusqu'à Dantzick. » (Et il va lui-même nous démontrer que cette victoire était devenue impossible!) « Je renforçai mes garnisons, en leur ordonnant de tenir jusqu'à l'extrémité. En cela, elles ont exécuté mes ordres. »

« Je me retirais lentement avec une masse imposante; mais je me retirais, et les ennemis me suivaient en grossissant; car rien n'augmente les bataillons comme le succès. *Toute l'inimitié que le temps avait amassée se soulevait à la fois.* Les Allemands voulaient se venger des maux de la guerre. Le moment était propice;

j'étais battu. Comme je l'avais prévu, les ennemis sortaient de terre. Je les attendis à Leipsick, dans ces mêmes plaines où ils avaient été battus peu auparavant. »

« *Notre position n'était pas bonne, parce que nous étions attaqués en demi-cercle; la victoire même ne pouvait pas avoir de grands avantages pour nous.* » (Quelle situation cruelle et méritée! « Nous eûmes en effet l'avantage le premier jour, mais sans pouvoir reprendre l'offensive. C'était donc une bataille nulle; et il fallut la recommencer. L'armée se battait bien, malgré sa lassitude; mais alors, par un acte que la postérité désignera comme elle voudra, les alliés qui se battaient dans nos rangs tournèrent inopinément leurs armes contre nous, et nous fûmes vaincus. »

Une telle défection, je crois, est une chose inouïe dans l'histoire : les auxiliaires d'une armée se tourner contre elle au plus fort du combat! Ici, le blâme doit tomber avec rigueur sur cette déloyauté que rien n'excuse; mais il ne doit pas épargner les violences antérieures de Napoléon, qui rendaient son alliance aussi dure, aussi oppressive que son inimitié.

Cette affreuse bataille de Leipsick précipita sans retour la puissance de Napoléon, et acheva d'enlever pour toujours à la nation française ses moyens de prépondérance sur l'Europe. Dès le lendemain d'un si grand revers, Napoléon, se croyant réduit à l'épouvantable nécessité de sacrifier une portion de son armée, donna ordre de rompre le pont sur la Saal, et fit porter l'accusation de cette horrible mesure sur un colonel du génie. Cette odieuse et barbare injustice était une de ses ressources dans les grandes catastrophes.

CHAPITRE VIII.

Après la désastreuse campagne de 1813, tous les Souverains de l'Europe s'accordèrent à reconnaître que le moment était venu, pour eux, d'affranchir leurs États de la domination française. Quelques-uns, sans doute, conçurent l'espoir et formèrent le projet d'exercer même sur la France le droit de représailles, en profitant de la stupeur, du désordre, du dénuement qui devaient l'accabler, pour la réduire, à son tour, à ne plus être qu'une puissance inférieure, et peut-être pour anéantir son existence.

Mais il paraît qu'une telle pensée et une telle possibilité n'entrèrent point dans les plans des Souverains du Continent. L'Empereur d'Autriche et le Roi de Prusse manifestèrent l'opinion qu'ils avaient encore de la puissance et des ressources de la France, en faisant un appel à toutes les classes de leurs sujets, en les excitant à reconquérir enfin l'indépendance de leur patrie, et en se confiant hautement à leur courage.

Ce fut une époque très-remarquable dans le cours de la révolution européenne ; des Monarques absolus, mettant leur propre couronne sous l'égide du patriotisme national, ratifiaient, en ce moment, le grand acte d'émancipation qui, depuis un demi-siècle, était réclamé par les peuples.

La guerre contre la France prenait dès-lors un caractère ferme, ardent, invincible. C'est ce que sentit Napoléon; aussi, pour la première fois, son âme si hautaine, si opiniâtre, sembla consentir à devenir traitable; il annonça qu'il se prêterait aux négociations de Munich, et se montra disposé à accepter les conditions que l'on songeait à lui offrir.

Ces conditions étaient, vraisemblablement, honorables et modérées; mais il parut bientôt qu'au lieu d'être uniquement tracées par la générosité, elles étaient principalement le fruit de l'idée dont tous les Souverains étaient frappés, qu'il restait encore à Napoléon, comme dominateur de la France, un pouvoir considérable, et sans litige.

Cette idée se dissipa presque subitement par l'effet de la résistance que, pour la première fois, le corps législatif opposa aux volontés de Napoléon. Cette résistance, très-inoportune, ne servirait un jour, aux yeux de l'histoire, qu'à accuser d'imprévoyance M. Lainé et les hommes qui l'appuyèrent, si le caractère de Napoléon, et sa conduite militaire et politique, pendant les trois années précédentes, n'avaient pas justifié d'excessives défiances.

Cependant, à une époque où le rétablissement de la maison de Bourbon sur le trône de France n'était point dans les projets, du moins ostensibles et avoués, des Souverains d'Europe, lorsque d'ailleurs une puissance prépondérante, l'Angleterre, semblait méditer la ruine du peuple français, c'était compromettre l'existence de ce bel empire, que de concourir à la chute de son chef. Les hommes, profondément versés dans la connaissance du caractère d'Alexandre, et initiés aux secrets de sa politique, pouvaient, seuls, ne pas frémir d'épouvante en voyant Napoléon prêt à être précipité. Or, ni M. Lainé, ni presque aucun Français, n'était admis alors aux grandes confidences diplomatiques ; il est même très-vraisemblable que le plan d'Alexandre n'avait rien d'arrêté ; enfin, ceux même qui auraient le plus compté sur ses dispositions conciliantes et généreuses, pouvaient trembler de l'insuffisance de ses dispositions.

L'opposition du corps législatif qui, dans les temps de la toute puissance de Napoléon, aurait formé un contre-poids noble et salutaire, n'était donc plus, à la fin de 1813, qu'un mouvement inconsidéré, d'un courage facile, et dont les suites auraient pu être singulièrement funestes. La dictature de Napoléon se trouvant brisée, au moment où les Souverains étrangers croyaient encore à son existence, où ils consentaient à traiter avec elle, et où lui-même cédait, pour la première fois, à la violence de la nécessité, tout se trouva décomposé, le présent sans appui, l'avenir sans espérance ; les Souverains étrangers ne s'occupèrent plus que de consommer la chute du colosse. Mais il avait encore un aspect si menaçant, et, dans le sol, tant de racines !

Aussi ils ne l'attaquèrent qu'avec circonspection, et en commençant par s'assurer des points d'entrée qui, au besoin, pussent favoriser leur retraite; ils profitèrent pour cela de l'animosité que Napoléon avait excitée en Suisse, dont il s'était constitué le *médiateur*, mais qu'il avait opprimée comme toutes les nations alliées. Il est un terme de lésion et de souffrance où les traités n'existent plus.

« Rien n'était encore prêt pour notre défense, dit Napoléon, lorsque les Suisses livrèrent le passage du Rhin. Malgré leurs victoires, les ennemis n'avaient pas osé l'aborder de front, et ils n'avancèrent qu'à pas de loup; ils étaient effrayés de marcher sans obstacle sur cette terre qu'ils croyaient hérissée de baïonnettes; ils ne rencontrèrent nos avant-gardes qu'à Langres. Alors commença cette campagne trop connue pour que je la répète, mais qui laissera un nom immortel à cette poignée de braves, qui ne désespérèrent pas du salut de la France; ils me rendirent de la confiance; et je crus, à trois reprises, que rien n'était impossible avec de tels soldats. »

Cette illusion l'entraîna encore à refuser les propositions qui lui furent faites à Châtillon, propositions dures, cruelles, accablantes pour son orgueil, (on réduisait la France à ses anciennes limites,) que cependant il aurait sans doute acceptées au moment où il entra en campagne; car alors il ne comptait pas lui-même sur des succès; mais le temps arriva où, pour ainsi dire, il paraissait s'être remis en veine de victoires; et quoique son armée fût très-inférieure en nombre, sa prodigieuse activité, son audace fabuleuse, son inconcevable présence d'esprit, et, par-dessus tout peut-être, l'avantage qu'il avait de combattre sur le sol français, lui donnaient bien des droits à de hautes espérances; on sait que les alliés mirent en délibération, au moins une fois, s'ils ne repasseraient pas le Rhin. Cette résolution n'ayant pas été prise, et Napoléon, par une manœuvre hardie, ayant tourné l'armée principale, et l'ayant séparée de ses bagages, le moment décisif était venu; tous les départemens occupés par les alliés, irrités comme on l'est toujours sous le poids d'une invasion, témoins d'ailleurs, et de l'animosité mutuelle des diverses nations qui composaient ces armées, et des perplexités des chefs, et de l'épouvante des soldats, n'attendaient qu'un signal pour se porter à tous les actes de la révolte; l'imagination a pleine carrière pour conjecturer ce qui aurait pu avoir lieu si, par une résolution hardie, et que Napoléon n'avait pas prévue, les alliés n'eussent marché sur Paris. Là, ils se trouvaient sans vivres, sans munitions de guerre, par conséquent dans une situation critique; car, en dévastant les environs de Paris, ils auraient pu se procurer quelques subsistances, mais non de la poudre et des canons ; toute leur artillerie était refoulée jusqu'en Lorraine.

Mais c'est ce que les Parisiens ignoraient. D'ailleurs, à Paris, la révolution ne pouvait être que facile ; d'une part, Napoléon n'y avait presque plus d'appuis ; depuis long-temps, il semblait avoir pris soin de les ruiner par son système d'exactions et de violences. D'un autre côté, les Souverains alliés, ayant à leur tête l'Empereur Alexandre, arborèrent, pour ainsi dire, l'étendard de la magnanimité ; ils se montrèrent supérieurs à toute passion, à tout ressentiment ; ils se hâtèrent de dissiper les alarmes du peuple français, en ne consultant que ses besoins, et n'ayant égard qu'à ses souffrances.

Un Prince Français, successeur naturel de la dynastie interrompue, était connu en France, et en Europe, comme digne de tous les droits, parce que tous les sentimens de conciliation étaient dans son cœur, et tous les principes de sagesse dans sa pensée.

Par sa naissance il servait de garantie à l'ordre ancien ; par ses lumières, il promettait un appui aux changemens nécessaires, aux conquêtes du temps et de la raison. Ainsi tous les vœux, tous les intérêts, toutes les habitudes, se réunissaient pour lui offrir la couronne.

Un sentiment si auguste reçut des Souverains alliés un accueil empressé et solennel. Louis XVIII fut proclamé par le concert unanime de la France et de l'Europe.

Mais Napoléon ne fut point flétri. Les Rois vainqueurs furent bien loin de le considérer comme détrôné pour avoir été vaincu, encore moins pour avoir reçu de quelques sénateurs, jusques-là si soumis, l'injonction de déposer la couronne. Le sénat n'avait aucun droit de prononcer sa déchéance ; ce n'est pas de lui que Napoléon tenait le sceptre ; le sénat, au contraire, était l'ouvrage de Napoléon.

Les Rois honorèrent la Royauté, en se montrant pleins d'égards pour celui dont ils avaient si long-temps reconnu la puissance ; ils lui demandèrent son abdication du trône de France, manière noble de déclarer qu'il avait régné, et qu'il ne régnerait plus. De son côté, il sut donner à la formule qui lui fut demandée, un ton de simplicité et de grandeur.

Et le lendemain encore, cette âme, si pleine de contrastes, montra de l'élévation, du sentiment, de la franchise. Ses adieux à son armée seront peut-être le plus beau monument de son histoire : quelques grands souvenirs exprimés sans arrogance, des mots touchans; nul dépit, nulle injustice ; à ces vieux guerriers qui fondaient en larmes, tout ce qu'il recommanda fut d'être fidèles au Prince qui le remplaçait, et dont il parla dignement.

Non, non ! la France ne sera jamais honteuse d'avoir obéi à un homme quelquefois si grand, toujours si extraordinaire.

CHAPITRE IX.

Napoléon partit pour l'île d'Elbe. Son voyage ne fut pas exempt de dangers ; sa vie fut exposée dans le lieu même où se commirent, dès la naissance de nos troubles, les plus horribles forfaits, et où, il y a peu d'années, un maréchal de France a été atrocement assassiné. Sous ce climat de feu, la raison n'a presque point d'empire ; toutes les passions y prennent le caractère de la fureur.

On a accusé d'imprévoyance les Souverains alliés, pour avoir exilé Napoléon dans une île voisine à la fois de la France et de l'Italie ; les faits postérieurs semblent justifier le reproche ; cependant, on est fondé à croire d'une part, que Napoléon, en se retirant à l'île d'Elbe, ne formait point le projet de remonter un jour sur le trône de France, et n'en concevait point l'espoir ; d'un autre côté qu'un tel espoir n'aurait pu être, de sa part, qu'une illusion insensée, si le Gouvernement français eût honoré davantage l'armée que Napoléon lui avait laissée, et s'il eût soutenu avec plus de fermeté les intérêts de la révolution.

Bien des fautes furent commises ; c'est ce qui a été démontré par plusieurs écrivains ; c'est ce qui, d'ailleurs, a été avoué, d'un ton plein de dignité, par le Roi lui-même ; ainsi, c'est ce qui ne doit plus être développé. Tout ce que je crois pouvoir ajouter, c'est que des fautes nombreuses, de grandes fautes même étaient inévitables. Le Roi n'était pas revenu seul avec ses intentions sages et ses pensées généreuses. Tout ce qui restait de l'ordre ancien était rentré avec lui. Vainement, Monsieur, son auguste précurseur, avait prononcé, dès son retour en France, un de ces mots heureux qui montrent la raison et l'esprit, autant que la noblesse de caractère. Par le résultat des événemens les plus terribles, ce n'était pas seulement *un Français de plus* qui se trouvait en France ; c'était un torrent de passions, de ressentimens, ou au moins de violentes espérances qui s'y précipitaient ; c'était, en même temps, de profonds malheurs, convertis en droits par l'excès de l'injustice, qui faisaient entendre leurs réclamations ; c'était de longues habitudes, de vifs regrets, qui venaient demander les profits d'une victoire inespérée ; c'était d'antiques opinions, qui se croyaient relevées, rajeunies, remises en possession de l'esprit humain, parce que l'oppression barbare qu'elles avaient éprouvée était arrêtée et punie.

Toute réaction est une force, et toute force exige qu'on lui obéisse ; sans cela le titre de force ne pourrait lui convenir ; mais il ne faut pas se soumettre aveuglément à sa puissance ; sans cela, elle se porte à des excès qui ramènent des secousses, des bouleversemens, des malheurs.

Les principaux provocateurs de ceux que je rappelle furent les écrivains du parti qui se disait exclusivement royaliste. Enchérissant à l'envi sur l'imprudence et la folie, ils déclamaient avec fureur contre une révolution à laquelle ils avaient pris tous une part plus ou moins active, plus ou moins profitable ; ils irritaient par leurs menaces tous les intérêts nés de cette révolution ; feignant l'exaltation de la morale, du christianisme même, tandis qu'ils étaient la plupart sans croyance, sans mœurs et sans pudeur, ils osaient verser l'anathême sur les hommes les plus vertueux, et les opinions les plus sages ; ils accablaient d'injures les soldats français, poursuivaient Napoléon lui-même de leurs imputations absurdes, de leurs imprécations forcenées ; c'est ainsi que, par la voie sourde et terrible de l'indignation, ils rattachaient la révolution, le peuple, l'armée, à cet homme formidable.

Peut-être, à Paris, les effets de tant d'insultes et d'arrogance se perdaient, jusques à un certain point, dans le mépris dont ces malheureux écrivains étaient couverts ; on savait que c'était un métier qu'ils faisaient, ou une passion qu'ils soulageaient. Mais dans les départemens, les diatribes seules pénétraient, sans le nom de leurs auteurs, sans le palliatif de leur flétrissante renommée. C'est là qu'elles préparaient des tempêtes. Il est indubitable, à mes yeux, que dès la fin de 1814, une effroyable guerre civile menaçait toutes les grandes provinces de l'Est ; de-là elle se serait étendue sur le sol entier de la France ; l'invasion étrangère l'aurait suivie ; nous n'avons été du moins soumis qu'à cette seconde cause d'oppression et de malheur.

Indépendamment de ce que Napoléon, informé de la situation des esprits, pouvait juger le moment opportun pour ressaisir la couronne, et croire de bonne foi que l'intérêt de la France l'y invitait, il paraît que l'on se diposait à l'enlever de l'île d'Elbe, pour le transporter à Sainte-Hélène ; de plus, on ne tenait aucune des conditions du traité qui l'avait exilé à l'île d'Elbe ; ainsi, il était entraîné par l'excitation de la défense personnelle à faire un coup d'éclat.

Dans la situation politique où se trouvait la France, reconquérir le trône n'était pas, pour Napoléon, la forte difficulté ; mais il n'avait pas vu d'avance qu'il lui serait impossible de s'y soutenir, et d'obtenir, pour cela, le consentement forcé ou volontaire des Souverains. Son aveuglement, à cet égard, était le fruit de l'ignorance où il était des sentimens inspirés par l'orgueil et la violence de son caractère. En employant même, et l'insinuation, et les sollicitations et l'adresse, il n'aurait pu rattacher un seul Souverain à sa cause. Il avait passé presque tout le temps de ses prospérités à offenser les peuples et les rois. Son retour en France ne pouvait manquer de renouer la coalition, et de lui imprimer l'ardeur de la colère.

Mais peut-on affirmer que de telles considérations ne l'avaient point frappé? lutter de nouveau contre l'Europe entière, ce n'était pas de l'audace, c'était de la démence; et, lorsque, depuis un an, il n'était plus en scène, la démence seule pouvait-elle présider à ses mouvemens? Peut-être un jour le temps amènera des révélations importantes; on apprendra peut-être qu'un grand piége fut tendu; que l'accession, ou au moins la neutralité d'une grande puissance continentale fut illusoirement promise; et une seule puissance du premier ordre, si elle restait neutre, rompait la coalition, si elle devenait auxiliaire de Napoléon, assurait ses succès. Peut-être un jour, on saura pourquoi les Anglais qui, aujourd'hui, le surveillent à Sainte-Hélène avec une sévérité si rigoureuse, favorisèrent, par la négligence la plus extraordinaire, son évasion de l'île d'Elbe. Étaient-ils mécontens du traité de Paris? la France ne leur paraissait-elle point suffisamment affaiblie, et afin qu'elle ne leur fût plus redoutable, avaient-ils besoin qu'elle s'exposât encore à de nouvelles catastrophes, qu'elle se livrât, sans appui extérieur, à l'homme qui ne pouvait plus que l'exalter et la précipiter?

Tout est possible de la part d'une nation dont l'existence pompeuse n'est point naturelle, par conséquent est toujours précaire. Une telle nation, pour se soutenir, croit devoir ne négliger aucun moyen.

Quoiqu'il en soit, que Napoléon fût emporté par sa passion, ou trompé par ses espérances, il lui suffisait d'aborder le territoire français, pour s'y trouver dans une situation éminemment critique; dès-lors, il ne pouvait plus se confier qu'à l'excessive rapidité et à l'extrême audace. La temporisation, et ce que l'on nomme la tactique politique, ne pouvaient que le perdre sans retour. Cette manière brusque et éclatante de procéder, qui était si bien dans son caractère, se trouvant, cette fois, conseillée par la prudence, on a peine à concevoir comment, dès le lendemain de son arrivée à Paris, il ne partit point pour la Belgique, et ne profita point de la surprise générale pour ressaisir la limite du Rhin; ce premier acte lui eût donné un avantage immense; et l'on dit que, pour cette expédition improvisée, il aurait trouvé sur-le-champ assez d'armes et de soldats. Il aima mieux passer par les moyens astucieux et les formes transitoires; il eut la faiblesse de croire qu'il pouvait faire intervenir utilement en sa faveur les institutions constitutionnelles, qu'il séduirait ainsi les Français, et se donnerait des droits auprès des peuples et des Souverains étrangers. Quelle inconcevable erreur! tous ses droits en France et en Europe, ne pouvaient jamais dériver que de la victoire.

Cette faute immense le jeta dans un dédale inextricable de fausses combinaisons, de fausses tentatives ; il essaya même de réchauffer le jacobinisme, avec l'intention secrète de l'étouffer de nouveau, quand il s'en serait assez servi. Mais ce plan honteux, odieux, ne pouvait plus être que d'un faible secours, parce que, d'une part, les vrais démagogues n'étaient, en France ; qu'en très-petit nombre, parce que, d'un autre côté, ils n'avaient plus confiance en lui. Il ne trouva une impulsion prononcée, honorable, nationale, que dans les départemens qui, l'année précédente, avaient souffert de l'invasion ; l'irritation y était encore violente ; la défense de Napoléon s'y confondit naturellement avec la défense du territoire ; mais, contre des armées disciplinées et exercées, qu'est-ce que l'irritation tumultueuse de citoyens, sans chefs, sans organisation militaire, sans expérience de la guerre ? la fermentation civique n'entraîne qu'embarras et désordre, lorsqu'elle reste sans direction, et sans appui ; elle n'est utile que comme auxiliaire des mouvemens d'une armée qui porte les premiers coups.

Napoléon mesura, mais trop tard, la profondeur de l'abîme qu'il avait creusé, au lieu de le franchir ; il partit, l'âme troublée, découragée ; cependant, il commença par remporter une victoire ; mais, le lendemain, lorsqu'il était si important d'en poursuivre les avantages, il ne fit, dit le général Grouchy, « que causer longuement avec ses généraux de l'état de l'opinion à Paris, du corps législatif, des jacobins, et de divers autres objets, tout-à-fait étrangers à ceux qui semblaient devoir exclusivement l'occuper dans un pareil moment. »

Cela démontre que la pensée de Napoléon était singulièrement traversée par l'état politique de la France; que pour être maître de son armée et de lui-même, il aurait eu besoin d'être délivré, par une seconde dictature, des résistances civiles, et que ce qu'il perdait surtout par ces tiraillemens intérieurs, c'était l'énergie de résolution.

Mais il paraît que Napoléon, dès son arrivée à Paris, se sentit menacé de catastrophes inévitables; ce qui, lui enlevant toute confiance, ne put que le rendre vacillant, faible, singulièrement inférieur à l'ancien Napoléon. On ne peut penser que cet affaiblissement de son caractère se soit produit à l'île d'Elbe; car la résolution même de quitter cette île, de se jeter sur les côtes de France, de marcher droit au trône, sa généreuse intrépidité lorsqu'il se présenta seul aux soldats chargés de l'arrêter, ses proclamations, et généralement toutes les circonstances de son retour, le signalaient comme plein de vigueur et d'audace. Mais sans doute, dès son entrée à Paris, il fut abandonné par son propre enthousiasme, en voyant la froideur avec laquelle le peuple le recevait; et cette froideur, singulièrement augmentée par la connaissance que l'on avait à Paris des résolutions unanimes des Souverains rassemblés à Vienne, s'unissait à l'impression de cette cause même; car personne, mieux que lui, ne savait ce que l'on devait penser de cet accord et de ces résolutions.

Il ne restait qu'un faible appui à ses espérances : c'était les diversions et la hardiesse de Murat; mais celui-ci échoua d'une manière brusque et entière; ce qui ne put manquer de se montrer à Napoléon comme un avant-coup et un augure définitif de sa propre destinée.

Alors un vrai grand homme se serait dévoué ; il n'aurait pas tenté la fortune, puisque de cette tentative il ne pouvait résulter que d'affreux et inévitables malheurs. Un vrai grand homme aurait bravé les jugemens des hommes faibles; il aurait exposé avec franchise les projets qu'il avait formés, l'abandon qu'il était contraint d'en faire, et les motifs de cet abandon. Ce courage de la haute générosité, bien supérieur à celui qui est nécessaire sur le champ de bataille, aurait élevé Napoléon au premier rang de l'humanité.

Peut-être Napoléon voulait-il se borner à remporter en Flandre une grande victoire, à se rendre ainsi, sinon formidable, du moins très-digne de nouveaux égards, et à négocier ensuite son abdication en faveur de son fils. Mais, s'il avait formé ce plan, il l'aurait révélé; sa justification en serait devenue si imposante !

Il est plus vraisemblable que Napoléon se plaça sur la ligne de son effroyable chute en homme qui s'avance uniquement parce qu'il s'est avancé, et qui n'a plus que l'espoir de s'étourdir par un coup violent à l'instant où il tombera dans l'abime.

A de telles conditions, un ancien héros n'est plus qu'un homme plus faible, et surtout plus funeste, qu'un homme ordinaire.

Les revers de l'armée française à Waterloo furent immenses, épouvantables. Mais, généralement, les revers de Napoléon ne pouvaient être que ressemblans à ses succès. Pour obtenir ceux-ci, il avait institué un système de haute et foudroyante imprudence ; point de magasins ; rien de préparé pour des cas de retraite ; ses soldats ne devaient pas même imaginer qu'un mouvement de retraite fût une chose possible. Par de tels procédés, si l'on ne saisit pas le but, on s'écrase, on s'anéantit.

Au reste, je crois pouvoir répéter ici, ce que j'ai exposé ailleurs, (*Correspondance philosophique, troisième lettre*) et ce qui n'a pas été combattu : La chute de Napoléon était unanimement résolue, par conséquent inévitable; aux mois de mai et juin 1815, j'ai été placé de manière à pouvoir présumer les intentions dont il était l'objet. Les proclamations émanées des généraux russes et autrichiens portaient à conclure qu'ils s'attendaient à ce que Napoléon débuterait en Flandre par de grandes victoires : si, conformément à cette pensée, il eût obtenu à Waterloo un succès éclatant, le plan était tracé; l'armée anglaise et l'armée prussienne se retiraient, avec précipitation sans doute, mais avec peu de perte ; elles allaient se rallier au-delà du Rhin, ou derrière les marais de la Hollande ; en attendant, les armées innombrables de l'Autriche et de la Russie traversaient l'Alsace et la Lorraine ; ces deux provinces couvertes d'habitans généreux, exaltés, intrépides, mais sans armes, sans chefs, sans discipline, étaient saccagées, incendiées ; les Russes et les Autrichiens, irrités, furieux, rentraient en Flandre par les Ardennes, et se précipitaient de nouveau sur l'armée de Napoléon.

C'est alors que cette brave armée, cernée de toutes parts, dans une position plus funeste encore que celle de l'armée qui avait combattu à Leipsick, aurait péri toute entière, et que la guerre, au lieu de n'être qu'un coup de foudre, serait devenue une longue scène de carnage ; l'anéantissement de la France aurait suivi les derniers combats.

Napoléon revint, des champs de Waterloo, abattu, consterné, hors d'état même de mettre de la dignité dans le sentiment de son infortune. Un seul devoir lui était prescrit, c'était de reconnaître, avec une résignation calme, que sa chute était absolue, que son existence militaire et politique était finie, et, pour la paix de la France et de l'Europe, d'en prononcer lui-même le terme irrévocable et solennel.

Il ne sut ni accepter, ni combattre sa destinée ; alternativement, il regretta le pouvoir, et sentit qu'il ne pourrait le retenir que pour augmenter les malheurs de la France. Il fallut le presser pour souscrire à son sort. Son indécision, en cette dernière circonstance, acheva de montrer que, par caractère, il était plus impétueux que ferme, plus ambitieux que fort. Les âmes fortes ne composent pas avec l'adversité.

Maintenant à quelle mesure d'expiation est-il condamné ? Les cœurs généreux sont pressés de savoir quels sont les traitemens qu'il reçoit de celui de ses vainqueurs auquel il s'est livré. Si l'on ne se borne point à une surveillance sévère, si l'on a l'indignité de lui manquer d'égards, de lui refuser les adoucissemens que son nom réclame, de l'humilier, de le faire souffrir, on fait un acte très-impolitique de lâcheté et de barbarie ; on efface ses torts et ses fautes aux yeux de tous les peuples ; on les conduit à oublier les maux qu'il a répandus, à ne se souvenir que de ses grandes actions et de ses malheurs.

LIVRE QUATRIÈME.

Résultats de son Gouvernement.

CHAPITRE PREMIER.

Pour fixer plus aisément nos pensées sur ce qui a résulté, en France et en Europe, de l'action politique et militaire de Napoléon, de son élévation et de sa chute, supposons que cet homme extraordinaire eût réussi dans ses projets, et examinons ce que ses succès auraient amené.

Napoléon avait l'intention et l'espoir de conduire la France à dominer sur le globe, par sa puissance, ses lois, ses mœurs et son industrie. Il voulait renouveler le spectacle donné une fois, au monde civilisé, par le peuple romain.

La différence des temps était immense, les difficultés incomparablement plus fortes, plus nombreuses. Mais, s'il les avait surmontées, la réflexion et l'histoire même du peuple romain nous apprennent ce que serait devenu l'empire français.

Tout peuple triomphateur se divise et se consume. Il est sans doute très-naturel à toute société humaine de chercher constamment à étendre son existence ; c'est le but de son action ; c'est le vœu de tous les hommes qui la composent. Mais elle ne peut rester unie, elle ne peut rester société, qu'à l'aide de la résistance. Aussitôt qu'autour d'elle les voies sont libres et spacieuses, ses membres se séparent ; elle se perd par la diffusion.

C'est ainsi que si l'on enferme sous un même lien une certaine quantité de substances explosives, elles font effort pour acquérir le plus haut degré d'éclat et de développement. Si elles y parviennent, elles brillent, elles éblouissent !.... Presqu'aussitôt elles s'éteignent, elles retombent. Pour prolonger leur action, il aurait fallu en modérer la force.

Quel immense éclat n'aurait pas jeté la France si elle eût acquis la prépondérance universelle ? Elle eût éclipsé, par la réalité de sa puissance et de sa gloire, tous les temps fabuleux de l'antiquité.

Un homme tel que Napoléon ne pouvait que s'enivrer d'une si flatteuse espérance ; et les Français, peuple si ardent, si poétique, si passionné, ne pouvaient que s'associer à son enthousiasme, l'échauffer même par leur zèle et leurs acclamations.

Napoléon, conquérant gigantesque, ne fut notre chef

que parce qu'il fut notre ouvrage ; c'est pour cela que , pendant si long-temps , il sembla identifié avec la patrie entière ; c'est pour cela que nous l'avons tous secondé, même dans ses fautes ; c'est pour cela que nous avons si vivement déploré sa chute et frémi de ses revers.

Cependant, que faisait la résistance ? elle nous conservait ; et quel effet produisait sa chute ? elle nous préservait de l'éclat final, du développement funeste : la réaction victorieuse nous repliait sur notre centre : refoulement douloureux, froissement terrible, mais, je le répète, mouvement conservateur.

Telle est universellement la loi des êtres sensibles : sous l'oppression, point d'action vitale, point de bonheur ; sans répression, plus de lien, plus d'existence.

Ainsi, nous tous qui avons soutenu Napoléon de nos vœux et de nos sacrifices, ne nous livrons pas à un repentir injuste ; nous avons obéi à un sentiment naturel ; mais que la raison, que la science de l'avenir nous portent aujourd'hui à bénir les souffrances, les malheurs, que nous avons si vivement repoussés comme Français, comme êtres sensibles. Napoléon vainqueur nous aurait jetés, quelques instans, dans un délire de jouissances, et, pour ainsi dire, dans un gouffre de prospérités, immédiatement suivies d'une destruction irréparable ; lors même que les progrès de l'âge n'eussent point affaibli son énergie et sa vigilance, il n'aurait pu, dans un empire immense et tout puissant, contenir toutes les divagations des ambitions individuelles ; c'est à dissoudre le faisceau même que ce serait employée l'activité générale ; on aurait vu, et bien plus tôt encore qu'on ne le vit à Rome , vingt soldats audacieux se disputer la couronne ; chacun l'aurait demandée aux fauteurs de ses révoltes et aux compagnons de ses brigandages.

CHAPITRE II.

Tout refoulement est nécessairement un acte d'oppression. Nous devions d'autant plus souffrir de celle qui a suivi le désastre de 1814, que notre véhémence aggressive n'avait pas eu de mesure, et que la victoire, en se déclarant pour les peuples européens, avait associé à leurs triomphes les victimes de la révolution française; association forcée, car les peuples européens étaient liés d'inclination et d'opinion à tous nos mouvemens politiques; mais nous avions menacé leur indépendance, leur existence même; ils s'étaient justement révoltés contre notre usurpation.

Il n'en est pas moins arrivé que des peuples généreux, éclairés, conduits par des Souverains qui partageaient leurs sentimens et leurs lumières, ont prêté main-forte aux prétentions, aux tentatives, des hommes devenus étrangers à leur siècle. De ce que la révolution essuyait un échec mérité par ses déviations et ses excès, ces hommes aveuglés concluaient que le moment était venu, pour eux, de reconquérir tout ce que la force et la justice de cette même révolution les avait contraints d'abandonner.

Voilà ce qui, à la chute de Napoléon, a fait l'extrême discordance et l'embarras violent de notre situation ; mais c'est en même-temps ce qui a fourni à l'autorité et à l'opinion des guides nombreux et fidèles.

La naïveté et l'ardeur des espérances contre-révolutionnaires ont donné l'éveil à la raison du siècle, en lui montrant qu'elle ne devait plus se reposer sur ses droits et son évidence, mais qu'il était pressant, pour elle, d'acquérir une puissance formidable, et des garanties réelles, à l'aide de fortes et libérales institutions.

Le Roi, premier organe de cette raison du siècle, a ordonné à son Gouvernement de marcher avec ménagemens sur la ligne qu'elle indique ; et, quand les ménagemens seraient méconnus, quand ils sembleraient encourager de fatales tentatives, d'agir avec fermeté, mais sans passion, avec le soin constant d'adoucir les chagrins des hommes malheureux, dont les préjugés seraient choqués, ou les illusions détruites.

Toute l'explication de la conduite royale, depuis 1815, me semble contenue dans ce que je viens de dire. Dès son retour, au mois de juillet, le Roi, excessivement opprimé, ainsi que la France entière, par la double invasion des peuples européens, et des passions anti-philosophiques, a cédé au torrent, mais avec l'intention, ne pouvant encore le détourner, de l'affaiblir en le partageant sur une grande étendue ; c'est ce qui a amené ce système généreux de patience, de conciliation, qui a versé également sur les deux partis les faveurs et l'indulgence ; système d'ailleurs auquel tous les hommes des deux points extrêmes ont rendu hommage, car les uns et les autres s'en sont irrités. Le comble de l'imprudence, en ce temps excessivement critique, n'aurait-il pas été de ne satisfaire que l'un quelconque des deux partis ? ils étaient passagèrement égaux d'animosité et de force, grâces à une circonstance récente, terrible, mais qui ne devait plus être renouvelée, et qui, chaque jour, devait s'affaiblir. En attendant que leur inégalité naturelle fût ramenée par le temps ; en attendant que le parti national devînt calme et juste, en recouvrant son immense supériorité, il fallait prévenir leurs combats, c'est-à-dire, éviter le plus grand des fléaux, la guerre civile.

Au reste, il est important de reconnaître que, dans cette position si compliquée, si orageuse, le Gouvernement a moins agi qu'il n'a modéré, les uns par les autres, les effets de toutes les agitations partielles ; la réflexion, soutenue par les témoignages de l'histoire, nous apprend que, chez tous les peuples tombés dans les crises politiques, l'alternative de domination d'un parti sur le parti opposé n'est pas le fruit de l'action du Gouvernement, mais directement de la situation des choses, situation oscillatoire, qui, dans ses fluctuations rapides et impétueuses, entraîne le Gouvernement et même l'opinion publique.

Tant que la tempête dure, le vaisseau tout entier se

balance par secousses brusques, effrayantes; le pilote, tributaire lui-même de ces secousses, ne songe pas à leur échapper; il n'en aurait pas la puissance; tout son art et son courage s'emploient à empêcher que, par leur violence, le vaisseau ne soit submergé.

En ce moment la tempête n'est pas entièrement apaisée; les mouvemens de l'Etat ne sont pas encore parvenus à ce balancement doux et régulier qui annonce une marche paisible; mais ce terme s'avance; le pilote peut maîtriser la manœuvre, et calmer les passagers.

Nous reviendrons sur cette image rassurante; nous discuterons les apparences tumultueuses qui semblent la démentir.

CHAPITRE III.

Le Gouvernement représentatif était le vœu de la France depuis les temps même qui ont préparé la révolution. L'homme le plus vertueux de ce siècle, le Fénélon de la politique, (ce beau nom lui a été donné par son illustre fille,) l'immortel M. Necker, n'était devenu l'idole de l'opinion publique, que parce que le Gouvernement représentatif était manifestement dans ses projets et sa pensée; et à l'époque ou il méditait cette belle forme sociale, elle eût parfaitement convenu au royaume de France; les diverses classes, nécessaires dans une monarchie, existaient encore; elles étaient suffisamment séparées pour que chacune sentît son existence, et suffisamment unies pour que leur émulation réciproque n'entretînt qu'une noble rivalité.

La confusion, la discorde, les fureurs révolutionnaires naquirent des circonstances, ou oppositions malheureuses, qui empêchèrent ce mode sublime d'harmonie politique de s'établir.

Il était devenu impossible lorsque Napoléon saisit le pouvoir; la frénétique démagogie avait brisé tous les moyens de balancement social ; elle avait réduit chaque homme à sa valeur individuelle ; ce qui est la préparation immédiate du despotisme.

Les Français n'étaient plus susceptibles que de la subordination militaire, et Napoléon l'organisa fortement. Chef suprême et arbitraire d'une hiérarchie obéissante, il put s'abandonner à toute l'impétuosité de son caractère, à toutes les conceptions fatales de sa gigantesque imagination. La France entière ne fut, entre ses mains, qu'un instrument parfait et très-docile.

Que devaient produire ses abus de pouvoir et leurs suites funestes ! Un besoin général, un besoin profond de garanties sociales ; et comme l'expérience de la tyrannie populaire, quoique moins récente que celle de la tyrannie dictatoriale, était encore présente à toutes les âmes, l'opinion publique invoquait des garanties, et contre les dictateurs, et contre les tribuns.

Le balancement réciproque des pouvoirs était donc, au terme de l'existence politique de Napoléon, le vœu général de la France ; c'est ce qui fit que Louis XVIII, proclamant une Charte dont l'esprit était ce balancement réciproque, fut accueilli avec tant de reconnaissance et d'empressement.

Mais un Roi, une Charte, une Constitution, ne peuvent balancer que les pouvoirs qui existent, et non leur donner l'existence ; les pouvoirs se créent ; on ne les crée pas.

A la chute de Napoléon, il n'existait que le pouvoir royal et le pouvoir démocratique ; l'ancienne aristocratie était terminée ; et une nouvelle aristocratie n'avait pas eu le temps de s'élever.

L'aristocratie, dans un Etat, est le fruit de l'ordre prolongé ; une somme de temps considérable entre comme élément nécessaire dans sa formation ; il faut que les grandes notabilités personnelles se soient invétérées, transmises, affermies, pour qu'il puisse exister une classe fédérative, à demi-royale, à demi populaire, servant de lien et de transition entre la Royauté où tout est inamovible, et les classes inférieures où tout change et se meut.

La formation graduelle de cette classe intermédiaire est dans les penchans de la nature humaine ; pour la voir naître, s'accroître, s'établir, il ne faut, comme je l'ai dit, que l'influence de la paix, de l'ordre et du temps.

Mais que peut devenir un Etat qui ne la possède pas encore ! En attendant qu'elle se forme, en quoi consiste, pour cet Etat, le balancement réciproque des pouvoirs politiques ? où est le point d'appui autour duquel doivent osciller les deux bassins de la balance ? Quel équilibre peut exister entre un homme et un peuple ? Comment seront prévenues les deux grandes calamités qui constamment s'enchaînent, la tyrannie des factions populaires et la tyrannie d'un chef de factieux ?

A ces questions d'une haute importance, je crois avoir répondu dans mon ouvrage sur *la situation morale et politique de la France à la fin de la session de 1818*. Je vais présenter sous un nouveau jour les mêmes pensées.

CHAPITRE IV.

La France, considérée dans ses rapports avec les autres nations de l'Europe, n'est plus libre de céder à cette expansion ardente que la nature lui imprime, et qui tendrait à la faire déborder hors de ses limites. Tous les Rois sont avertis : tous s'entendent, même involontairement, pour former autour d'elle une ceinture répressive, qu'elle ne peut plus briser ni franchir. Si cette coalition générale, qui n'est qu'un grand hommage à l'activité et à la force de cette belle nation, venait à se dissoudre, ou seulement à se ralentir, on verrait les Français s'élancer de nouveau vers tous les points où ils auraient l'espoir de conquérir de la fortune ou de la gloire ; bientôt les résistances se relèveraient ; leur premier effet serait d'augmenter encore l'impétuosité nationale, et par conséquent d'imprimer généralement le besoin de plus de rapidité et de plus de succès.

C'est alors que le soldat le plus audacieux, et qui passerait pour le plus habile, serait décidément le maître ; la Dictature recommencerait.

C'est donc la paix de l'Europe qui est le garant de la monarchie représentative en France ; je dis la paix de l'Europe : car il suffirait que la guerre se déclarât entre deux puissances européennes, pour que, d'une part, la coalition contre la France fût rompue, pour que, d'un autre côté, la France, avide d'action et d'indépendance, entrât rapidement dans la querelle ; ce qui, rapidement encore, la conduirait à jouer un rôle prépondérant.

Tous les Souverains de l'Europe paraissent bien connaître cette situation des choses ; et le soin attentif de leur politique est de maintenir la paix générale : l'Angleterre même est profondément intéressée à la permanence de la paix, car c'est contre elle que se dirigerait l'inquiétude européenne, si la France cessait d'en être l'objet.

C'est sans doute, pour l'Europe entière, un état contraint que cette paix générale, provoquée, cimentée par le besoin de contenir un peuple que la nature appelle sans cesse à devenir redoutable ; et cette contrainte entraîne beaucoup d'anxiété et de mal-aise, parce que, pour soutenir cette tranquillité forcée, les Souverains sont obligés de conserver un appareil militaire presque aussi formidable que si une guerre générale était sur le point d'éclater.

Mais ces causes d'embarras et de souffrances sont légères, comparées à celles qu'entraînerait la rupture de cette union politique, que les Souverains ont contractée, sous le nom de Sainte-Alliance. Telle est même l'influence, encore existante, encore contagieuse, de la révolution française : il n'est pas une seule aristocratie en Europe qu'elle n'ait rendue vacillante; il n'est pas un seul trône qu'une guerre générale ne mît en danger. Jusques à la recomposition des édifices monarchiques, par l'établissement et l'affermissement de notabilités héréditaires, en harmonie avec les changemens que le siècle exige, il n'y aura de fermes sur leurs trônes, en cas de guerre, que les Rois qui sauront commander en personne, et mener à la victoire, leurs propres soldats.

Puisse le temps être donné à cette recomposition des édifices monarchiques ! Pour cela, il est de première importance que la révolution française se consomme avec modération et sagesse, mais fixément, sans rien laisser en arrière des obstacles qui l'ont arrêtée, des oppositions qui ont changé sa marche philosophique en lutte violente et acharnée.

Il n'est qu'un moyen d'assurer désormais le triomphe calme et définitif auquel elle aspire; c'est de maintenir, en France, la constitution représentative. Cette constitution, je crois devoir le dire encore, qui n'aurait presque aucune durée en France, si ce beau royaume était livré à lui-même, et dégagé de ses surveillans extérieurs, est très-convenable à la France tacitement réprimée, mise dans l'impossibilité cruelle, mais salutaire, de développer au-dehors sa force brillante, réduite à employer, dans son sein même, son énergique activité.

Une telle contrainte demande, pour compensation des peines qu'elle impose, une forme de gouvernement éminemment favorable aux progrès de la raison, à ceux des beaux-arts, des sciences, de l'industrie, en un mot à toutes ces jouissances vives et néanmoins pacifiques, qui jettent du charme et de la noblesse sur le mouvement social ; or, tel est le caractère de la monarchie représentative ; elle anime d'espérance toutes les émulations individuelles ; elle fait que chaque talent, chaque industrie, chaque effort, s'encouragent par la possibilité du succès, ou au moins de l'évidence ; elle se prête à l'apparition, à la discussion, à l'établissement de tous les ordres de vérités, parcequ'elle a essentiellement pour esprit, liberté générale d'examen, publicité indéfinie des résultats.

La monarchie représentative est directement et spécialement le Gouvernement de l'opinion publique, car c'est celui de la majorité des opinions. La majorité qui fait les lois, et qui donne à leur promulgation la sanction de la force, est plus qu'à la disposition du Gouvernement ; elle est le Gouvernement lui-même. Mais cette majorité est en présence d'une minorité, c'est-à-dire d'un parti d'opposition, qui aspire à devenir majorité, à devenir Gouvernement, qui, pour cette raison, inquiète, moleste, surveille la majorité gouvernante, la contraint à rester fidèle aux opinions et aux intérêts du plus grand nombre, à rester majorité.

C'est ainsi que la Monarchie représentative est éminemment libérale et philosophique. On peut être certain que, tant qu'elle existe, les intérêts et les opinions de la majorité du peuple sont en prépondérance ; car les révolutions du Ministère, ou des Chambres représentatives, lorsqu'elles arrivent, ne peuvent avoir, pour principe et pour résultat, que de rétablir cette prépondérance de la majorité ; en sorte que le premier intérêt des Ministres et des Chambres représentatives est de bien connaître ce que la majorité réclame ; leur devoir est confondu avec leur premier intérêt.

Sans doute, il n'est pas impossible à une minorité factieuse d'usurper un instant le pouvoir d'opinion, soit à l'aide de circonstances malheureuses, d'événemens désastreux, de réactions qui naissent de violentes catastrophes, soit à l'aide de prétextes fournis par quelques imprudences d'un Ministère qui, d'ailleurs, tiendrait généralement une conduite conforme aux intérêts de la majorité. Mais ces préventions excitées par la minorité ne peuvent jamais être que d'une faible durée ; elles suffisent cependant pour occasionner de l'inquiétude, et quelquefois amener des secousses ; et c'est-là précisément ce qui oblige les Ministres à prévenir même la naissance des prétextes, afin que leur autorité ne soit pas compromise, et que l'Etat ne soit pas exposé aux interruptions de la tranquillité.

Il suit de-là que lorsque la monarchie représentative est décidément constituée, deux partis sont formés, celui du Gouvernement, et celui de l'opposition au Gouvernement. Dans les temps ordinaires, le premier parti se compose, non-seulement des hommes qui, par intérêt personnel, s'attachent au pouvoir, mais encore des hommes qui, par impartialité de raison, jugent bien des vrais intérêts de l'Etat, et, par inclination patriotique, mettent leur zèle à les soutenir.

Au contraire, le parti opposé au Roi et à ses Ministres est formé des hommes qui, les uns, n'ont pu trouver place dans le gouvernement de la majorité, et en sont les ennemis par intérêt personnel ou par amour-propre, les autres voient mal les besoins de l'Etat, portent de faux jugemens sur ce qu'il faut éviter, sur ce qu'il est important de faire, en un mot, sont improbateurs par ignorance ou aveuglement.

La France étant aujourd'hui, en Europe, le foyer des lumières philosophiques, des sentimens généreux, il importe à l'Europe même que la France soit régie par ce mode de gouvernement qui permet à tous les progrès de se faire, à toutes les vérités de s'éclaircir; toutes les conquêtes de l'esprit humain, en Europe, en deviendront plus sûres et plus rapides. Et à cet égard la chute de Napoléon a eu encore un avantage que bien des Français étaient loin de prévoir. Lorsque Napoléon s'empara du pouvoir, on fut naturellement porté à présumer que la philosophie serait très-favorisée, qu'elle s'asseoirait sur le trône; et comme, dans tous les États soumis au gouvernement absolu, il y a toujours disposition plus ou moins prononcée à une lutte d'opinions et de sentimens entre le peuple et le desposte, l'anti-philosophie se releva, jusques à un certain point, dans l'opinion populaire; tous les hommes mécontens ou jaloux de la puissance de Napoléon, s'unirent à ceux qui, de bonne foi, réclamaient le retour des idées antiques; on vit un grand nombre d'hommes dont les opinions réelles étaient philosophiques, se porter comme appuis vers une cause dont l'absolu triomphe n'aurait pu être que l'anéantissement de la liberté et du savoir.

Réciproquement, l'effet opposé ne pouvait manquer d'être produit, lorsque l'héritier d'un trône antique a été remis en possession de ses droits, si long-temps suspendus. Le peuple français habitué par Napoléon à reconnaître, dans un chef de l'Etat, une influence dictatoriale, même sur les opinions, a redouté une sorte d'invasion des choses surannées. Il s'est trompé à l'égard du Roi, dont l'âme est tolérante et impartiale, parce qu'elle est éclairée; mais ses craintes n'ayant pas été sans fondement à l'égard de la plupart des hommes que les événemens ont ramenés, le mouvement général de l'opinion s'est fait, par réaction, dans le sens philosophique; en sorte qu'une ardeur vive, ou même brusque, a distingué les progrès de la raison générale; et l'on ne peut douter que si le Roi, songeant à se mettre absolument en contraste avec Napoléon, eût annoncé, par tous ses actes politiques, l'intention exclusive de favoriser le retour des opinions et des institutions anti-philosophiques, l'ardeur des opinions judicieuses et des mouvemens populaires se serait portée de nouveau jusques à l'irritation.

Le Roi a détourné cette impulsion malheureuse ; n'ayant pu, d'abord, empêcher des préventions de s'élever, il les a calmées par sa sagesse.

Et tel est, désormais, l'un des effets généraux que l'on doit attendre de la révolution française, en y comprenant le règne de Napoléon : les grandes erreurs du pouvoir sont devenues presque impossibles. Une double expérience, vive, lumineuse, développement et complément de toutes les leçons de l'histoire, a définitivement éclairé les Rois ; ils savent où sont les dangers, par conséquent en quoi consistent l'habileté et la prudence. Un Prince qui ne gouvernerait pas philosophiquement, et par-là il faut entendre conformément aux opinions dominantes, quelle que soit leur nature, verrait son trône constamment et violemment ébranlé par l'agitation nationale ; et d'un autre côté, un Prince qui, semblable à Napoléon, forcerait les résultats des opinions dominantes, et précipiterait l'action nationale, ne s'exposerait pas seulement à succomber sous la réaction extérieure, mais à relever, jusques dans le sein de l'État, la puissance factieuse de la minorité.

Le soin attentif des gouvernemens sera donc, à l'avenir, de bien connaître les opinions nationales, d'en suivre les progrès, de les satisfaire par les changemens ou les institutions qu'elles reclament, et, tout en leur accordant cette satisfaction formelle, de ménager, dans leur chute, les opinions et les institutions chères à la minorité. Il faut que celle-ci disparaisse, mais par gradation, et en souffrant le moins possible.

La Puissance Souveraine qui conduit la nature a ordonné que la loi du changement fût la loi constamment en exercice; mais elle a voulu que cette loi, dans les grandes masses, ne s'exécutât jamais que par transition.

Les Gouvernemens des sociétés humaines sont les représentans politiques de la Puissance Souveraine.

CHAPITRE V.

Nous venons de faire observer que les hommes que Napoléon avait rendus mécontens ou victimes, ont montré une disposition plus ou moins prononcée à se mettre en contraste avec son caractère, à accueillir toutes les idées qu'il avait écartées ou opprimées. Comme il a été loin de n'avoir jamais que des idées fausses ou exagérées, cette disposition a entraîné, dans l'économie intérieure, quelques mesures fausses sur lesquelles on reviendra sans doute. Il me semble qu'en voici un exemple.

Napoléon avait pour principe que toutes les fonctions publiques doivent être salariées par l'État. On a commencé par combattre vivement ce principe; comme on ne pouvait cependant le rejeter entièrement, le Monarque lui-même recevant de l'État une liste civile, on a cherché, le plus possible, à en affaiblir l'application. C'est ainsi que l'on est parvenu à faire une sorte de honte aux membres de la Chambre des Députés de recevoir un traitement; on a pensé qu'en exigeant d'eux une fortune assez considérable, et en leur enjoignant de la dépenser au service de leurs fonctions, on les environnerait de plus de dignité, et on favoriserait leur indépendance.

Cette délicatesse, reste spécieux des habitudes féodales, n'est plus en harmonie avec nos mœurs. Comme il y a aujourd'hui très-peu d'hommes qui aient du superflu en fortune et en loisir, il y a très-peu d'hommes qui, en se livrant aux soins répétés et soutenus d'une fonction publique, ne fassent un sacrifice qui les gêne, qui nuit à leurs affaires personnelles, à leurs goûts, à leurs intérêts; l'honneur de servir l'État gratuitement ne suffit point pour les dédommager, parce que cet honneur n'est qu'un sentiment; ils ne l'éprouvent dans toute sa force qu'au début de leur carrière politique ; au bout de peu de temps, ce sentiment ne se présente plus que faiblement à leur âme, tandis que le préjudice qu'ils reçoivent dans leurs habitudes ou leurs intérêts, se présente sans cesse, se répète journellement.

Il suit de là que, à quelques exceptions près, les hommes qui aspirent aux fonctions de députés, et qui n'ont pas une fortune considérable, appellent d'avance, par leur imagination et leurs désirs, un genre de rétribution qui les dédommage des pertes ou contrariétés qu'ils vont subir. Ce genre de rétribution est une place honorable, lucrative, permanente; ils la demandent au pouvoir qui en dispose, ou bien, s'ils en sont séparés par certains engagemens, par certaines circonstances, ils travaillent à la formation d'un nouveau pouvoir plus favorable à leurs désirs.

En second lieu, partout où il y a un privilége, même onéreux, l'amour-propre a un aliment, par conséquent un moyen de porter dans la société plus ou moins de désordre. Des hommes qui remplissent une fonction éminente, non salariée, qui ainsi sont distingués de tous les hommes à fonctions plus ou moins éminentes, qu'un salaire accompagne, de tels hommes, s'ils ne sont pas justes, pacifiques, généreux, peuvent s'arroger des droits funestes et les exercer à l'aide de prétextes; ils peuvent feindre, en faveur de l'économie, une exaltation de sévérité, poursuivre ainsi une popularité factice, l'obtenir et en abuser. Comme les contribuables sont nécessairement beaucoup plus nombreux que les hommes dont l'État soutient l'existence, ils peuvent dévouer ceux-ci aux préventions, à l'animadversion des premiers. On sent qu'ils n'auraient point cette faculté s'ils recevaient eux-mêmes un salaire.

C'est encore pour contraster le plus promptement et le plus fortement possible avec toutes les formes du gouvernement de Napoléon, que l'on a réclamé avec tant de précipitation la liberté de la presse. Je dirai avec franchise qu'à mes yeux cette précipitation entraînante a été malheureuse. Sans doute, la liberté de la presse est rigoureusement essentielle au gouvernement représentatif, et la Charte l'avait reconnue comme principe sacré ; ainsi, elle devait un jour être établie dans toute son étendue légale et constitutionnelle, mais, comme la constitution elle-même, à l'époque seulement où la crise, née des circonstances les plus violentes, serait apaisée. Pendant toute la durée d'une crise si impétueuse, la position du Gouvernement ne pouvait être que très-délicate, et sa marche très-difficile ; une grande confiance devait lui être donnée ; et, par les gages de ses intentions patriotiques, par l'ordonnance du 5 septembre, par la loi des élections, il avait pris soin de la mériter. C'était l'exposer à bien plus que des contradictions et des résistances que de le mettre subitement en lutte avec toutes les ambitions trompées, toutes les vanités indécentes, tous les ressentimens odieux, toutes les passions, toutes les absurdités.

Je dirai plus : la nation française toute entière a été menacée, par cette brusque intempérance de la presse, de perdre une de ses dispositions les plus honorables. Les Français distingués par leur âme et leur éducation ne pouvaient autrefois supporter l'insulte ; être diffamés, aux yeux de leurs concitoyens, surtout par une voie durable et qui se propage, par la voie de l'impression, était, pour eux, un supplice intolérable ; maintenant ils s'y accoutument. L'injure tombe tous les jours, et à flots multipliés, sur tant d'hommes recommandables ! Ceux qui y sont le plus exposés prennent même le parti de ne plus s'en enquérir. Ils dédaignent la censure et l'invective ; ils dédaigneront bientôt l'éloge et peut-être l'estime !.... Indifférence fatale ! elle équivaut à une catastrophe ; si elle persiste, si elle se propage, elle rendra la tyrannie si facile !

Voici encore, dans un sens différent, un effet très-marqué, mais plus vulgaire, de l'action politique de Napoléon.

Les masses populaires ne savent que jouir de la prospérité qu'on leur procure, sans en examiner les moyens. Ce principe, mis en pratique par Napoléon, est ce qui explique l'attachement extraordinaire qu'un grand nombre d'hommes, dans les classes inférieures, avaient conçu pour lui, et lui conservent encore. Tout ouvrier, tout artisan, qui n'avait point d'enfans à sacrifier, ou qui les abandonnait sans regret, admirait, aimait l'homme qui semblait surtout occupé du soin de lui fournir de l'ouvrage. Il ne voyait pas que les efforts de Napoléon, à cet égard, auraient nécessairement un terme prochain ; et comme, à l'époque où ce terme allait venir, Napoléon est tombé du trône, comme d'ailleurs sa chute, événement très-impétueux, très-orageux, a jeté un trouble violent dans toutes les relations sociales, l'artisan qui souffrait, qui ne travaillait plus, et qui ne voyait plus Napoléon, a été porté naturellement à dire : « Je souffre, parce que j'ai perdu Napoléon. »

C'est à l'homme judicieux, toutes les fois qu'il entend un artisan tenir ce langage, à dissiper, autant qu'il lui est possible, ses préventions. Elles retardent la tranquillité publique.

Passons maintenant à des considérations d'un ordre plus étendu.

CHAPITRE VI.

La longue oppression des peuples du continent par la puissance exagérée de Napoléon, et les souffrances de tout genre, que tant de guerres, tant de secousses, tant d'agitations, ont versé sur l'Europe entière, devaient entraîner, de la part des Souverains, une disposition unanime à donner la paix, et, de la part de tous les peuples, une disposition non moins unanime, à appuyer, de leurs vœux pacifiques, les intentions des Souverains.

Mais, lorsqu'il a fallu effectuer ces intentions des Souverains, et ces vœux des peuples, on n'a pu que rencontrer de grandes difficultés ; car c'est alors qu'il a fallu demander presque partout des sacrifices. Chaque peuple a fait valoir les droits qu'il avait acquis par ses efforts et ses malheurs. Il était impossible que l'on ne fît des mécontens, parce qu'il était impossible que l'on ne trompât beaucoup d'espérances. Les petits États surtout, quoiqu'ils eussent fourni à la résistance commune, un contingent proportionnellement plus fort que celui des grands États, ne pouvaient guère recevoi une rétribution proportionnelle dans les bénéfices de la victoire. Tous les peuples marchent, tant qu'ils peuvent, vers l'envahissement ; et celui qui est le plus fort n'est jamais que celui qui montre le plus d'exigence.

Ainsi, à la chute de Napoléon, et à la suite du renversement de la domination française, la Russie, l'Autriche et l'Angleterre, puissances prépondérantes, devaient saisir, dans les résultats communs à toute la coalition, des parts éminemment avantageuses. Tous les autres États, en y comprenant la Prusse, n'ayant pu présenter qu'une existence secondaire, sont restés dans la situation subalterne, et n'ont reçu que d'insuffisantes indemnités.

De là ne pouvaient manquer de naître généralement en Europe, une inquiétude, un malaise politique, signe qui accompagne toujours les distributions vagues et provisoires. Rien n'a été arrêté ; chaque peuple est resté en état de réclamation, au moins tacite ; des amalgames de territoires et de peuples se sont faits, non au gré des convenances locales, mais au gré du besoin de donner quelque chose à des princes, ou à des peuples, qui avaient trop souffert, trop sacrifié pour ne rien obtenir.

Les puissances prépondérantes ont cédé à un besoin plus pressant peut-être, à celui de constituer, chacune contre les autres, des barrières interposées. Ne pouvant encore saisir ce qui est à sa convenance, chacune a fortifié ces parties limitrophes, afin de se ménager, sinon des défenses, au moins le temps d'être averti.

De tels arrangemens, qui semblent faits à l'amiable, ne sont cependant que le fruit détourné d'un état essentiel de lutte et de jalousie ; par conséquent ils ne peuvent être que précaires, et d'une durée incertaine. Sans doute, il est devenu impossible à un État quelconque, en Europe, d'acquérir seul une puissance indéfinie ; les grandes diversités de mœurs, de langage, de civilisation et de territoire s'y opposent directement. Mais il est inévitable que chacun des grands peuples qui existent aujourd'hui en concurrence, cherche constamment à s'étendre, et ne s'arrête qu'aux limites principalement indiquées par les grandes circonscriptions géographiques, combinées avec les similitudes de mœurs et de langage. Les résistances partielles et accidentelles de religion, d'alliances, et celles qui peuvent naître du caractère particulier de quelques Souverains, ne seront que transitoires. Il en est nécessairement des grands peuples sur un même continent, comme des grands arbres dans une même forêt ; chacun de ces arbres s'étend, selon la force de sa vie, et jusqu'à ce que ses racines et ses branches soient en contact, et même un peu en mélange, avec les branches et les racines des arbres qui les environnent ; les arbrisseaux intermédiaires, froissés et ombragés, disparaissent sans retour.

Ainsi, abstraction faite des circonstances actuelles,

que les derniers événemens ont produites, la France parviendra sans doute un jour à s'incorporer les peuples qui, exactement contigus à son territoire, parlent déjà et depuis long-temps la langue française. Vraisemblablement encore, l'Allemagne ne formera, dans l'avenir, qu'un seul État borné, d'un côté, par la Russie, de l'autre, par la France; et cette extension des deux grandes puissances méridionales sera rendue plus prompte, plus urgente par l'accroissement de la Russie, auquel il sera difficile que la Suède même puisse un jour résister. Quant à l'Angleterre, en dehors de l'Europe, presque aussi étrangère à ce continent qu'aux autres parties du globe, son extension cosmopolite sera désormais limitée par bien des obstacles, et principalement par l'extension de l'Amérique septentrionale.

Mais je me hâte de répéter que l'état provisoire, amené, en Europe, par l'impression profonde que le gouvernement de Napoléon et la révolution française ont généralement produite, aura cependant une assez longue permanence. Quelques années encore sont nécessaires pour que les peuples se reposent, pour que la nature remplace quelques-uns des Souverains actuels par des hommes moins pacifiques, enfin pour que l'alternative des dispositions humaines fasse succéder le goût de l'éclat, de l'action, de la guerre, à l'ennui du repos, à la satiété de la paix.

A la faveur de ce système provisoire, les petits États seront ménagés, leur existence hétérogène sera respectée ; et aucun des grands États ne pouvant atteindre encore son développement ultérieur, tous exigeront que chacun se contienne dans ses limites actuelles, limites qui, d'ailleurs, semblent ordonnées d'une manière assez favorable à cet équilibre provisoire qu'il était si pressant d'instituer. Pour un tel genre de balancement, il fallait que la France, ayant toujours la prépondérance naturelle, la prépondérance de sol et d'industrie, fût inférieure aux grandes puissances en étendue de territoire. L'équilibre, d'un genre quelconque, n'est jamais le fruit que des compensations.

Mais l'Angleterre n'a-t-elle pas conservé les moyens de se soustraire au balancement des forces européennes, et, par conséquent, de troubler ce balancement ?

L'Angleterre est désormais réduite à vivre de ses débris ; car sa prospérité a été extrême, et elle ne pourra plus la recouvrer. Tant que l'industrie, en Europe, a été naissante, ou même croissante, l'Angleterre, située d'une manière si favorable au commerce, et de plus possédant les avantages immenses d'une monarchie représentative, qui était secondée, affermie par l'unité de lois, de mœurs et de religion, l'Angleterre a été la première puissance du globe ; tous les peuples étaient si avides des jouissances de la curiosité, et de celles du bien-être !

Mais, à l'aide des communications même dont l'Angleterre a été le lien, et à l'aide encore des modèles, en tout genre, que son industrie a fournis, tous les peuples de l'Europe sont devenus artistes et mécaniciens à peu près au degré de leurs besoins; toutes les choses usuelles du moins, et ce sont les plus importantes, toutes les choses simples et vulgaires, sont devenues, presque partout, des produits indigènes; et les choses précieuses, telles que les meubles rares, les ouvrages d'orfévrerie, d'horlogerie, étant, par leur nature, faciles à conserver, le moment est venu où un grand nombre d'hommes, chez tous les peuples, s'en sont trouvés pourvus, ce qui a arrêté ou du moins affaibli les demandes.

Cet effet de l'approvisionnement général, et du progrès universel, a frappé tous les peuples actifs et industrieux. Ainsi, la France en a souffert, et elle en souffre encore; telle est l'une des causes de la stagnation de son commerce. Mais, en France, l'industrie mécanique n'est qu'une des fortes branches de l'arbre natal; en Angleterre, cette industrie en est le tronc; celui-ci, flétri, desséché, entraîne le dépérissement de l'arbre entier. En France, il reste l'industrie agricole; et, par-là, il faut entendre, non-seulement celle qui s'exerce à tirer immédiatement du sol les substances utiles, mais encore celle qui les transforme, les perfectionne, les amène à la qualité la plus avantageuse sous le plus petit volume, les rend susceptibles de transport et de conservation. Sous ce rapport, le territoire de la France est le plus puissant de l'Europe; tandis que le territoire de l'Angleterre est un des plus faibles.

La paix générale, en rendant chaque peuple à ses facultés et à lui même, a de plus arrêté, pour l'Angleterre, cet immense écoulement de subsides qu'elle payait en fruits de son industrie; ce qui a jeté subitement tout le corps social dans une pléthore équivalente, pour les effets, à une paralysie. La partie ouvrière de la population est restée sans emploi, par conséquent sans nourriture.

Telle est, à mes yeux, l'explication de la situation actuelle de l'Angleterre : situation affreuse, désolante, mais non critique comme on l'a pensé; présentant le spectacle hideux d'une masse populaire dévorée par l'oisiveté et l'indigence, mais non agitée de fanatisme et de ressentiment; faisant redouter d'effroyables révoltes, mais non des orages politiques, des bouleversemens, des révolutions.

L'entassement des fortunes dans un petit nombre de mains, ce fruit naturel d'une longue prospérité, cette cause apparente de la misère d'un grand nombre d'hommes, ne doit cependant point en être accusée; car c'est la prospérité même qui a donné l'existence à ces hommes que maintenant elle délaisse, parce qu'elle voit elle-même toutes ses sources taries ou engorgées; si elle se ranimait, tous ces hommes indigens retrouveraient du travail, seule fortune qui puisse leur être profitable; et tant que les sources du travail resteront fermées, la loi agraire même, la banqueroute générale, la suppression des impôts, toutes ces affreuses ressources que les factieux réclament, ne porteraient à la masse générale des prolétaires que le secours le plus faible et le plus passager.

A quelques exceptions près, il n'y a donc autre chose, en Angleterre, que la lutte de la partie de la population rendue superflue par les événemens, contre celle qui est restée nécessaire. Quiconque possède quelque chose, quiconque peut encore vivre, et faire vivre sa famille, tient au Gouvernement et à la tranquillité de l'État, parce que la constitution de l'État est très-bonne; et cette constitution est très-bonne, parce qu'elle associe à la direction générale des affaires, toutes les lumières, et tous les intérêts fixés et permanens.

Ainsi, dans cette lutte malheureuse que l'Angleterre présente, le Gouvernement sera soutenu par les propriétaires d'un genre quelconque, et par les hommes éclairés : il ne sera donc point abattu ; s'il succombait, ce serait volontairement peut-être, et pour se faire remplacer par une Dictature ; il est des momens où elle est si nécessaire !

A la vérité, on ne trouvera peut-être pas aisément un homme qui consente à être Dictateur d'un peuple en mouvement de chute ; on n'aime à prendre le pouvoir suprême que pour l'environner de gloire; et la gloire de l'Angleterre est finie, car ses moyens de prospérité colossale sont épuisés ; et les peuples, dont les sentimens s'alimentent de comparaisons, encore plus que ceux des individus, ne se montrent ni satisfaits, ni honorés d'une situation supportable, bonne même, mais inférieure à celle qu'ils viennent de connaître. L'homme sage peut accepter sans murmure l'abaissement de sa fortune ; tout peuple qui tombe souffre et gémit.

L'Angleterre ne peut plus être qu'une puissance médiocre, parce que les faveurs accordées par la nature à son territoire ne suffisent pas pour l'élever à une puissance supérieure, et que si, néanmoins, elle l'a obtenue, c'est à l'aide des avantages précieux, offerts à tous les peuples européens, qu'elle a été la première à saisir, mais qui, chaque jour, lui sont enlevés par la concurrence. Nous ne sommes plus au temps où dans la conquête d'une terre nouvelle, présentant de grandes ressources au commerce et à l'industrie, un peuple civilisé puisse gagner de vitesse tous les autres peuples. En ce moment, l'Amérique méridionale s'élabore, mais elle ne s'organise pas; elle secoue le joug de ses anciens oppresseurs, mais elle ne fonde pas son indépendance; elle ne la fondera jamais. J'invite mes lecteurs à suivre les raisons que j'en ai données dans mon ouvrage sur *le sort actuel et le sort futur de ce grand continent;* je crois avoir démontré qu'il est destiné par la nature, première source de toutes les lois, à être éternellement tributaire des peuples européens, ou de ceux de l'Amérique septentrionale.

Ainsi, selon toute vraisemblance, plusieurs peuples

d'Europe, et les Américains du nord, s'apprêtent à hériter de la puissance que les Espagnols paraissent ne pouvoir plus conserver ; les Anglais y mettront tout leur zèle ; c'est leur dernière ressource. Mais en premier lieu, il y en a peut-être pour bien des années encore, avant que la tourmente de ces pays orageux soit épuisée, et qu'à son terme, des gouvernemens provisoires, des simulacres de république ou de dictature, se culbutant les uns sur les autres, aient laissé le champ libre à l'invasion et à la domination des peuples étrangers. En second lieu, à ce terme même, l'Angleterre, si elle a conservé de belles armées et des flottes formidables, ne se présentera pas seule : d'autres nations, la Russie, l'Amérique septentrionale, la France même, pourront disputer la conquête et peut-être l'emporter.

CHAPITRE VII.

De ces considérations générales fondées sur la marche naturelle, nécessaire, des peuples et des choses, tirons des conséquences satisfaisantes pour nous, citoyens français. Notre situation politique est douce, et elle tend à s'améliorer. Nous avons subi des maux pressés, violens, terribles ; mais notre tempérament national les a dominés ; ce tempérament nous reste, non-seulement sans atteinte, mais fortifié ; et, ce qui est d'un prix inestimable, nous sommes enfin parvenus à connaître le régime qui lui est le plus convenable ; notre raison formée, éclairée, calmée, approuve ce régime, en reconnaît les avantages, et se promet de ne pas l'abandonner.

La puissance des changemens nécessaires, cette puissance qui a voulu la révolution, et qui exige qu'elle se consomme, est enfin tombée entre les mains d'hommes sages, fermes et éclairés. Ce qui est raisonnable et juste s'achèvera, mais sans précipitation et sans secousse ; les victimes des changemens nécessaires seront préservées, et de la violence des hommes qui les attaquent et de leur propre désespoir. Que de fautes et par conséquent de catastrophes la sagesse du Roi ne cesse-t-elle pas de leur épargner ?

Grâces soient rendues au Souverain généreux qui a recomposé notre existence sociale ; et afin que notre reconnaissance ait une ardeur et une étendue égales à ses bienfaits, n'oublions pas dans quelle situation il nous a trouvés ; les arrières-dangers de cette situation nous poursuivent encore, et ils semblent si menaçans ! mais c'est la tempête qui s'éloigne ; elle ne peut plus faire entendre que des menaces. Les clameurs des *conservateurs* exagérés expireront bientôt dans le vague des airs ; c'est ce qui anéantira bientôt les clameurs des novateurs exagérés ; de part et d'autre, il n'existe plus qu'une irritation factice ; des regrets personnels qui s'exaltent en plaintes poétiques ; des intérêts humains qui se déguisent sous le voile d'opinions : de part et d'autre, excès d'inconséquence ; des républicains qui courent après la fortune ; des déclamateurs se disant religieux, qui vivent en athées ; des apologistes du temps passé qui adoptent sans scrupule toutes les mœurs actuelles.....

Entre de tels hommes, il n'y a jamais d'union ; et dans leur âme, il n'y a jamais ni enthousiasme, ni persévérance ; c'est chez eux que l'on entend du bruit ; ce n'est point en eux que réside la force ; aujourd'hui, en France, toute la force est du côté de la raison. La majorité des Français est judicieuse, paisible, satisfaite ; elle laisse parler et s'agiter les minorités bruyantes ; elle se tait, précisément parce qu'elle approuve ; elle ne demande que ce que le Roi lui donne, repos et liberté.

Il n'en est pas ainsi chez tous les peuples de l'Europe. En Allemagne, par exemple, les esprits sont dans une situation bizarre ; la passion de la liberté se combine avec des dogmes et des habitudes qui la combattent. Un grand nombre d'hommes rappellent les presbytériens d'Ecosse au temps de Cromwell; c'est la même énergie, le même fanatisme, la même incohérence de pensées, la même disposition à s'agiter sans direction, à s'enflammer sans objet, à s'irriter sans mesure. Quel temps et quel pays que ceux où de jeunes et atroces insensés s'exaltent, sans frémir, jusques au plus grand des crimes ? Quelle arène pour des factieux hypocrites et habiles ! Une génération à la fois mystique et démagogue porte dans son sein les élémens de toutes les tyrannies. Si l'on veut voir s'élever une de ces tempêtes opiniâtres qui donnent à certaines époques de l'histoire d'Angleterre une couleur si effrayante, que l'on abandonne la Prusse à ces rêveurs idéalistes, à ces sophistes romantiques, qui s'écartent à l'envi de toutes les routes sensées, qui, à force de créer en politique, en littérature, en philosophie, ne font que reculer les bornes de l'absurde, et étouffer toutes les notions simples, judicieuses, sous les monstruosités de l'imagination.

Et ils s'indignent de ce que les Souverains ne leur

donnent pas les peuples à conduire ! Tout orgueilleux de les avoir aidés à renverser Napoléon, ce sectateur outré des choses positives, ils se croient en droit d'imposer à l'univers leurs théories fantastiques ! Les Souverains nous ont promis, disent-ils !...... Les Souverains ont juré de maintenir, autant qu'il leur serait possible, le bonheur et la tranquillité des peuples. Ce serment a précédé tous leurs engagemens, et il est bien plus sacré ; leur reconnaissance pour des auxiliaires ardens, traités eux-mêmes par Napoléon avec mépris et violence, n'a pu s'étendre jusques à leur permettre de bouleverser les empires. Ils ont reçu leurs secours sans estimer leurs opinions.

Elles sont saines aujourd'hui les opinions des Souverains et de leurs ministres ; ils sont éclairés ; ils sont philosophes. Ils savent par la double expérience des malheurs de Louis XVI, et de la gloire de Louis XVIII, que les changemens nécessaires ne portent que des bienfaits, lorsque c'est l'autorité suprême qui les produit avec calme et mesure, et qu'au contraire, ils ne font long-temps que des victimes, lorsque les refus ou la faiblesse de l'autorité donnent aux peuples le besoin malheureux et le droit funeste de les établir.

C'est la même sincérité, et j'ose ajouter, c'est la même raison qui m'animent, lorsque je bénis le Gouvernement français de vouloir affermir en France la monarchie représentative, et les Souverains du Nord de ne pas vouloir encore la donner à leurs sujets ;

ceux-ci, très-estimables sans doute, très-dignes d'affection par leurs vertus domestiques, leur patriotisme, leur caractère, ne possèdent presque rien encore de ce qui constitue la sagesse politique ; à cet égard, au contraire, les Français n'ont presque rien à acquérir. Pour amener brusquement en France des secousses affreuses, il suffirait de chercher quelques instans à nous faire reculer vers les idées et les institutions du quinzième siècle. Pour exposer brusquement l'Allemagne à une horrible révolution, il suffirait d'y laisser agir les illuminés ; ils sont si loin de toute science réelle, de toute prévoyance ! disons le mot : ils touchent de si près à la démence ! La grande volupté, pour leur esprit, est de se jetter dans un océan d'abstractions ; lorsqu'ils ont le bonheur de ne pouvoir plus se comprendre, leur extase commence.

De tels hommes, chez des peuples énergiques et simples, acquièrent bientôt l'influence la plus fatale : Quelle est, sur la terre, la puissance la plus violente ? C'est celle de l'enthousiasme sans lumières. L'homme plein d'ardeur pour ce qu'il n'entend pas, est le seul qui parlant avec feu, agissant avec éclat, bravant le martyre, puisse agiter profondément les masses populaires, les convertir en torrens aveugles ; et chacun de ces torrens bondit, renverse, se précipite, s'évanouit....., ne laissant que des ruines pour monumens de son passage.

Rois philosophes, partout où de telles catastrophes sont

possibles, prévenez-en la naissance. Votre devoir sera de donner la liberté à vos sujets lorsqu'ils seront éclairés; s'ils ne le sont pas encore, restez leurs maîtres; mais, par la voie des lumières et d'un gouvernement paternel, préparez-les à la liberté. Ayez, pour eux, en perspective, les lois, les institutions de la nation française; mais épargnez-leur les maux et les crimes qui ont accablé les Français. L'histoire bénira successivement, et votre fermeté, et votre déférence.

LIVRE CINQUIÈME.

Parallèle entre Cromwell et Napoléon, entre la Révolution d'Angleterre et la Révolution Française.

TABLEAU PRÉLIMINAIRE.

CHAPITRE PREMIER.

L'histoire de l'Europe moderne sera la partie la plus saillante, la plus mémorable, de l'histoire de l'humanité. Le Peuple Romain fut grand, fier, énergique; mais, dans cette ardeur, à la fois brillante et soutenue, qui le conduisit à la conquête du monde, il n'y eut cependant rien que de conforme à l'ordre simple et naturel. Un peuple dominateur n'est pas un phénomène politique; il existera toujours sur la terre un ou plusieurs peuples dominateurs.

A la chute de l'empire romain, un ordre extraordinaire se prépara sur le sol qu'il couvrait de ses ruines;

la religion chrétienne prit naissance; et elle imprima à toutes les facultés humaines un caractère de concentration et d'austérité qui sortait entièrement des voies communes de la nature. C'était l'excès même du stoïcisme consacré par la piété.

Les institutions et les mœurs, produites par la religion chrétienne, ne pouvaient que lui être analogues: sombres, fortes, répressives, commandant à l'homme de lutter sans cesse contre lui-même, lui faisant un crime de tous les plaisirs, et, pour le dédommager, attachant à ses souffrances, à ses privations, à ses sacrifices, l'espoir de récompenses éternelles.

A de telles conditions, la passion du malheur ne pouvait manquer de devenir, pour l'homme, la passion dominante; et, comme les passions ne s'arrêtent pas, les peuples chrétiens devaient courir avec ardeur au-devant de tous les genres d'abaissement et d'affliction; ils devaient porter à l'excès la résignation et la patience, bénir toutes les peines, invoquer même toutes les tyrannies, solliciter toutes les chaînes. C'est ce qui exalta la modestie jusques à l'humilité, l'obéissance jusques au servage, la déférence de l'esprit jusques à la soumission absolue. Tout examen fut coupable, toute discussion fut interdite, toute liberté fut anéantie; l'autorité fut toute la raison, toute la puissance : par une marche rapide et conséquente, le christianisme imposa universellement la loi d'une abnégation sans mesure; alors, il s'étendit comme toutes les choses éminemment extraordinaires ; alors il enflamma toutes les âmes impétueuses de l'ardeur du prosélytisme ; alors il devint Catholicité.

A ce terme, commencèrent, pour l'esprit humain, quelques siècles de tranquillité profonde. Le dogme régnait, et sur les princes comme sur les peuples, sur les prêtres comme sur les simples fidèles. Deux mots composaient tout le devoir et toute la science : croire et obéir.

Mais aussitôt que l'esprit humain est tranquille, la civilisation commence ; et dès l'instant où la civilisation commence, l'homme se développe, son intelligence grandit ; la nature se montre à ses regards : vainement il s'efforce d'écarter les réflexions ; elles le poursuivent ; malgré lui-même, il compare, il médite, il raisonne.....

C'est alors qu'il est profondément agité ; car tous les mouvemens de son âme s'entrechoquent avec violence ; il passe alternativement et rapidement par les situations les plus opposées ; des abîmes obscurs de la soumission aveugle, il s'élance à toutes les hardiesses de l'examen ; et presqu'aussitôt il se précipite avec remords sous le joug de l'obéissance.

Mais n'oublions pas que ce tableau n'aura pu convenir qu'une fois à l'espèce humaine. Il aura fallu, pour produire de tels combats, que, chez des peuples destinés par la nature à un grand développement, à une grande intelligence, des idées excessivement répressives aient d'abord envahi toutes les âmes; en sorte que ces âmes ardentes, sensibles, passionnées, aient commencé par placer, dans la condamnation même de toutes les jouissances terrestres, leurs jouissances et leur ardeur. On se représente alors chacun de ces peuples comme un foyer naturellement très-actif, que des enveloppes très-fortes compriment, refoulent, en le contraignant ainsi à exercer sur lui-même toute son énergie. Une telle compression ne peut être éternelle ; c'est elle-même qui redouble tacitement la puissance du foyer qu'elle environne; le moment venu, la lutte s'engage : elle est terrible ; mais enfin les enveloppes sont fracassées, le volcan jaillit.

Je viens de signaler les deux grandes époques de l'histoire Européenne, la Réforme, et la Révolution française; l'une qui s'annonça lorsque la Nature humaine essaya, pour la première fois, de secouer le joug de l'oppression dogmatique, l'autre qui brisa, à jamais, ce genre d'oppression; l'une qui commença le combat, l'autre qui prononça la victoire, l'une et l'autre n'ayant pu avoir pour caractère qu'une impétuosité violente; car c'était la résistance la plus forte, la plus opiniâtre, qu'elles renversaient.

Je me hâte de dire tout ce qui doit me faire entendre : ce n'est point la morale du Christianisme qui pouvait être vaincue, pas même attaquée; la Nature humaine n'en demandera jamais de plus parfaite à son auteur. C'est l'Esprit du Christianisme qui fut assailli, combattu ; et un tel Esprit ne pouvait qu'une seule fois saisir et exalter le cœur de l'homme : *Heureux ceux qui pleurent ; le royaume de Dieu est aux pauvres d'esprit ; malheur aux riches ; celui qui s'abaisse sera élevé :* de telles maximes ne pouvaient être mises mollement en pratique ; accueillies comme vérités positives, comme promesses sacrées, par des âmes simples et ardentes, elles devaient couvrir de Thébaïdes toutes les régions de la terre où l'homme reçoit une imagination vive ; elles devaient convertir tous les genres d'humiliation et de souffrances en sources de félicité.

Sans doute, si tous les hommes s'étaient également soumis au joug de l'austérité et de la pénitence, il n'y aurait eu nulle part pauvreté ni servitude ; car personne n'aurait voulu ni s'enrichir ni dominer. Mais tel est le sort des choses excessives ; il est impossible qu'elles s'établissent d'une manière générale, ou que du moins elles se prolongent dans l'état d'uniformité. Au bout de plus ou moins de temps, certains hommes échappent à leur influence, soit par la force de leur raison, soit par les circonstances de leur position ; et comme de tels hommes sont d'abord en très-petit nombre, ceux d'entr'eux qui ont de l'ambition, de l'habileté, de l'énergie, abusent de l'enthousiasme du vulgaire ; ils s'emparent de tout le pouvoir et de toute l'opulence. Lorsque la masse commune d'un peuple se passionne pour la pauvreté et la servitude, il est bien difficile aux Grands de la terre de ne pas se gorger de richesses, et de ne pas devenir des tyrans.

Cet effet inévitable était produit en Europe dès le quatrième siècle du Christianisme; mais il avait besoin de s'accroître, de s'accumuler, de se combiner avec le développement de l'Esprit humain et les progrès de la civilisation, pour amener des convulsions politiques. Toutes les sociétés humaines étaient en désordre, mais uniquement par l'effet de la barbarie des mœurs et de l'ambition individuelle; l'opinion était paisible, parce qu'elle était presque nulle; l'ignorance était presque générale; l'unité régnait, appuyée sur la foi.

Dix siècles s'écoulèrent dans cet état obscur et sauvage; la raison, comme enfouie dans les entrailles du globe, s'y concentrait sur elle-même, s'y préparait à des mouvemens d'irritation. Vers le quinzième siècle, la fermentation se manifesta; elle prit rapidement de l'intensité et de la violence : le haut clergé, tout orgueilleux de sa puissance et de sa fortune, était intolérable par son despotisme, et scandaleux par ses mœurs. En même temps, l'imprimerie s'apprêtait à multiplier les relations intellectuelles; la science naissait ; elle développait la pensée humaine ; la belle littérature de Rome et de la Grèce commençait à associer les âmes sensibles et judicieuses aux mouvemens simples et vrais de la raison antique. En même temps encore, et cette circonstance mérite que l'on s'y arrête, la navigation explorait le globe ; elle commençait à fournir aux peuples industrieux de nombreux objets de comparaison et de grands moyens de bien-être ; en sorte que, tandis que le jugement s'étendait par un exercice varié, soutenu, le tempérament de l'homme, amélioré par plus de soins, d'alimens et de jouissances, redoublait de sensibilité et d'énergie.

Contre l'influence réunie de tant d'excitations ardentes, quel système de répression aurait pu se maintenir ? mais celui qui régnait encore avait jeté dans toutes les institutions, et jusques dans le cœur humain, des racines si profondes ! pour l'arracher, la raison, la science, la Nature, avaient besoin de tant d'efforts, de si longs et de si violens efforts !

Ils commencèrent presqu'à la fois, en Angleterre, en Allemagne et en France : ils entraînèrent des convulsions horribles. L'histoire entière de l'antiquité est loin d'offrir des scènes aussi désordonnées, aussi impétueuses que celles qui ensanglantèrent l'Europe pendant deux siècles. C'est que, si l'on excepte la Nation Juive, les Nations de l'antiquité eurent à peine un léger commerce avec ces idées fortes et extra-naturelles, qui enchaînent la pensée, commencent par faire tourner les passions au profit de l'ordre, et ensuite les mènent au fanatisme. L'antiquité ne connut à peu près d'autres guerres que celles dont les causes seront éternelles : l'ambition et la cupidité.

CHAPITRE II.

Je n'ai essayé de composer le tableau précédent que des traits fondamentaux de l'histoire Européenne ; ce n'est également que par leurs traits fondamentaux que je vais comparer la révolution d'Angleterre à la révolution française, l'action politique et le caractère de Cromwell à l'action politique et au caractère de Napoléon.

La Foi Catholique, cette Foi impérieuse et exclusive, qui commande à l'intelligence humaine une soumission absolue, ne pouvait être ébranlée sans donner brusquement naissance aux sectes les plus bizarres. L'esprit humain ne pouvait passer de la servitude à la liberté que par une transition longue et difficile. Il était impossible que les premiers hommes qui oseraient examiner et discuter les objets de la Foi catholique ne retinssent pas dans leur pensée un grand nombre de ces objets; et puisque c'était, en même temps, la liberté qui commençait, l'inconséquence et le désordre devaient nécessairement signaler sa naissance. Chacun, dans l'usage de cette faculté, ne savait encore où il allait, marchait à l'aventure, et s'arrêtait où il pouvait.

Aussi, dès le commencement de la Réforme, il y eut une diversité presqu'infinie dans les opinions chrétiennes ; mais toutes les opinions restèrent chrétiennes, et plus ou moins imprégnées de catholicisme. En Angleterre, comme en France et en Allemagne, les austérités et les superstitions des Réformés s'éloignèrent peu de celles des Catholiques.

Tout mouvement impétueux, qui n'en est encore qu'à son début, tend à devenir plus impétueux encore ; chaque secte de Réformateurs devait dépasser la limite à laquelle celle qui l'avait précédée avait cru devoir s'arrêter. Chacune même devait naître du besoin qui entraînait ses propres sectaires à ne plus s'arrêter dans leur émancipation religieuse. Ainsi, tandis que l'audacieux Henri VIII, osant le premier se séparer de la communion romaine, avait cependant conservé l'autorité épiscopale, les presbytériens d'Écosse demandaient l'abolition de l'épiscopat, l'égalité des prêtres, et par-là conduisaient tous les chrétiens eux-mêmes à demander l'égalité des fidèles, et la liberté entière des doctrines.

Cette exagération ne se fit pas attendre. La démocratie religieuse des presbytériens servit brusquement de passage à la démagogie religieuse et politique des *puritains*, *indépendans*, *niveleurs*, qui, par une inconséquence merveilleuse, joignirent un bigotisme excessif à la haine la plus violente, non-seulement contre le clergé, mais contre la royauté, la noblesse, et toutes les distinctions sociales.

En Angleterre, comme dans plusieurs États d'Allemagne, les Souverains embrassèrent la Réforme; et, comme ce ne pouvait être pour renoncer subitement aux habitudes du Catholicisme, dans le sein duquel ils avaient pris leurs premières idées; comme d'ailleurs les hommes qui restaient scrupuleusement Catholiques étaient encore en grand nombre, et que leur foi était rendue plus ardente par la contradiction, les Souverains, irrités de leur obstination, prenaient tout l'emportement des sectaires; ils devenaient intolérans, cruels, persécuteurs. Pendant les règnes de Henri VIII, de Marie, d'Élisabeth, toute la tyrannie passa du côté de la Réforme; toute l'oppression, tous les malheurs furent pour les Catholiques. Le temps devait venir où leur résistance et leur infortune ramèneraient de leur côté les cœurs généreux, et, pour cette raison, paraîtraient avoir relevé leurs opinions.

Aussi, Charles Ier, quoique zélé protestant, se mit en contraste avec ses prédécesseurs : exemple mémorable de cette oscillation qui, indépendamment de toute opinion politique ou spéculative, trace toujours l'histoire des grandes crises sociales. Charles persécuta les sectaires ; il les abandonna au zèle aveugle de l'archevêque de Cantorbéry.

C'est ainsi que, refoulant avec témérité et violence un mouvement qui par lui-même était invincible, il prépara les violences dont il fut victime ; car on ne saurait s'y méprendre ; l'odieuse et criminelle condamnation de ce Prince ne fut point amenée par les abus de son gouvernement et par ses actes oppressifs ou arbitraires; l'animosité avec laquelle il fut poursuivi ne s'adressa, en sa personne, qu'à l'opinion catholique; ayant eu l'imprudence de solliciter, avec ardeur, l'appui des évêques, et surtout, ayant eu la faiblesse excusable de laisser prendre le plus grand ascendant à la Reine, femme d'une grande beauté, d'un esprit distingué, d'un grand courage, et d'un Catholicisme prononcé, il mit toute la Réforme en alarmes; or, une opinion ardente qui prend l'alarme, ne garde plus de mesure dans sa défense; elle ne ménage ni oppression, ni attentats, pour retrouver de la sécurité.

Franchissons maintenant un grand nombre de détails intermédiaires, sur lesquels nous ne tarderons pas à revenir ; et traçons une idée générale de la Révolution Française.

Son objet était d'achever l'effort politique et intellectuel que la Réforme avait commencé; c'est-à-dire, d'amener les institutions politiques à avoir pour but la liberté légale, et les pensées humaines à avoir pour fondement la vérité.

Une telle disposition, par elle-même si noble, si pacifique, si sociale, était universelle, en France, il y a trente ans. Tous les ordres de l'État se distinguaient par une émulation de générosité, de raison et de tolérance. La Philosophie était, pour ainsi dire, l'atmosphère que toutes les âmes respiraient. Les Grands ambitionnaient avec dignité la réputation d'hommes simples et populaires; le haut clergé, qui ne tenait plus aux dogmes catholiques, qui en laissait, très-indifféremment, s'évanouir la croyance, cédait, sans inquiétude, sans regret, aux mœurs et à l'esprit du siècle; la corporation religieuse n'existait plus dans la foi, mais uniquement dans les intérêts temporels, dans le besoin, très-légitime, de conserver une existence douce, honorable, dont tous les membres du haut clergé, et du clergé moyen, avaient contracté l'habitude. Il eût suffi d'améliorer le sort du clergé inférieur pour faire consentir presque tous les prêtres aux institutions les plus philosophiques.

Dans une telle situation, rien n'était plus important et plus facile qu'une révolution douce et heureuse; de plus important, car, si elle n'était pas accordée, elle allait être exigée; de plus facile, car l'autorité avait, pour la faire, toute la puissance du vœu public; et elle trouvait, dans les colonnes des vieux édifices, colonnes saines et bien distribuées, tous les appuis et tout le plan d'un édifice nouveau.

Que fallait-il donc pour asseoir paisiblement nos destinées ? Il fallait, à la tête de l'État, un homme éclairé, généreux et ferme. La France possédait, dans son excellent Roi, un homme généreux et éclairé.

C'était le Monarque qui devait commencer, conduire et consommer la Révolution, sans l'intervention ni des Grands, ni du clergé, ni du peuple; car, des sacrifices politiques, lors même que tout le monde y est disposé, doivent être réglés par la sagesse, et mis en harmonie par la fermeté et l'impartialité du pouvoir. Si on les abandonne à la discussion de ceux même qui consentent à les faire, ils sont presque aussitôt rétractés ; et la discussion n'entraîne plus que des tempêtes.

Ce qui prouve l'immensité de l'avantage que, dans cette circonstance mémorable, le Monarque laisse échapper, c'est le patriotisme des intentions, et la magnanimité des sentimens, que tous les ordres de l'État chargèrent leurs Représentans de porter aux pieds du trône. Jusqu'à l'ouverture des États-généraux, toute la France fut sage, modérée, judicieuse, grande, sublime... et toutes les rivalités, tous les amours-propres, toutes les passions furent en lutte dès l'ouverture des États-généraux.

Ce fut un grand malheur que le désordre des finances les eût rendus nécessaires. La France aurait accepté, en paix et avec reconnaissance, d'être conduite à être constituée, sans se charger du soin effrayant de se constituer elle-même. Mais l'excellent Prince, si pur, si économe, qui ne dépensait rien pour lui-même, qui, malheureusement, ne savait point commander l'économie, ni soutenir les Ministres qui voulaient l'établir, le vertueux et indulgent Louis XVI pouvait-il s'affranchir de la nécessité la plus fatale?

Hélas! non. Nos malheurs étaient inévitables.

Ce fut donc la boëte de Pandore que Louis XVI ouvrit en France le 4 mai 1789. Que de fléaux devaient en jaillir, sur la France et sur l'Europe, avant que l'on pût entrevoir, au fond de l'avenir, quelque repos, quelque espérance!

On s'entendait avant de se réunir; dès que l'on fut réuni, on ne s'entendit plus. Les hommes s'enflamment lorsqu'ils ont un grand nombre de leurs semblables pour témoins de leurs actions, et pour auditeurs de leurs paroles. Ceux qui étaient arrivés avec les intentions les plus modérées, voulurent du moins les exprimer avec chaleur; dès-lors, par cette excitation mutuelle, les simples nuances d'opinions devinrent rapidement des différences marquées, ensuite des oppositions violentes; à la réserve d'un très-petit nombre d'hommes, fermes dans leur raison et leur sagesse, chacun fut précipité vers l'extrémité de la ligne sur laquelle il s'était placé.

C'est ainsi qu'un grand nombre de députés qui étaient arrivés philosophes d'intentions, et constitutionnels de principes, qui, par conséquent, ne demandaient que l'union de la Monarchie, de la Religion et de la Liberté, devinrent, les uns Républicains exaltés, et fanatiques d'athéisme, les autres Royalistes excessifs, et fanatiques de Catholicité.

Deux partis alors se formèrent, ou plutôt deux armées violentes, acharnées, se mirent en présence, chacune livrée aux impulsions d'hommes ardens et aveugles, ou d'habiles et ardens factieux.

La France entière prit les couleurs tranchées et inconciliables de l'assemblée; et comme des opinions violentes et excessives entraînent nécessairement des actes désordonnés, on ne vit presque plus, sur le beau territoire de l'Europe, que crime ou démence.

Quelle progression épouvantable! trois ans suffirent, en France, pour amener une catastrophe semblable à celle que, en Angleterre, trois siècles de discordes civiles et religieuses avaient si difficilement préparée. Ici, l'objet même du parallèle déchire l'âme, et la raison consternée ne le suit qu'avec effroi. Quelle est donc la nature de l'homme, et où est le but, où est l'utilité, où est la dignité des sociétés humaines, si la vertu la plus pure ne défend pas même un Monarque de l'échafaud? Tout ce qui semble grand, fort et respectable, tombant sous la même hache que le brigand et l'incendiaire! Que se passe-t-il dans les forêts du Nouveau-Monde qui soit plus barbare et plus humiliant!

Mais que le sentiment n'égare pas nos pensées. Dans la paix des institutions, les sociétés humaines sont belles comme la nature lorsque tous ses mouvemens sont en harmonie. Pendant les Révolutions, tout est dans le trouble ; les Révolutions sont des orages ; la foudre frappe de préférence les points les plus élevés.

CHAPITRE III.

Cromwell fut le principal instrument de la Révolution d'Angleterre ; je dis l'instrument, et non l'Auteur. Une Révolution qui ne serait pas inévitable serait impossible.

Cromwell était né avec une imagination sombre et ardente, qui le disposait alternativement aux excès des passions, et aux fermentations intérieures de la mélancolie. Son caractère était analogue à son siècle et à son pays.

Il passa les quarante-deux premières années de sa vie à se former tacitement aux mouvemens d'une ambition opiniâtre, et à ignorer lui-même les profondeurs qui se creusaient dans son sein.

Le caractère de Napoléon ressemblait, par bien des traits, à celui de Cromwell : sombre énergie, esprit pénétrant, passions avides, audace soutenue. Ces deux hommes, échangés de siècle et de position, eussent fait à peu près les mêmes choses ; mais les facultés de chacun éprouvèrent fortement les modifications du siècle et des circonstances.

Cromwell employa d'abord toute l'ardeur de sa jeunesse à chercher sa place et sa croyance. Il se jeta dans la secte des indépendans. Les Presbytériens même les plus rigides n'étaient plus pour lui assez exaltés. Chaque indépendant était persuadé qu'il pouvait communiquer directement avec l'Esprit-Saint, sans intervention de prêtres, de culte, de cérémonies. Il lui suffisait pour cela de *chercher le Seigneur*.

A quelle extase orgueilleuse, ravissante, anarchique, séditieuse, une telle persuasion ne devait-elle pas donner naissance !

Napoléon ne connut rien de ces mysticités sacrées ; de bonne heure, il livra exclusivement sa pensée aux choses froides et positives; ce qui fit tourner toute son ardeur naturelle au profit de son ambition.

Depuis la dissolution du Parlement de 1628, Parlement auquel Cromwell était parvenu à se faire élire, mais où il n'avait joué qu'un rôle très-obscur, Charles Ier régna, pendant douze ans, avec un pouvoir absolu. C'est pendant ce long intervalle que s'amassèrent tacitement les causes de mécontentement et de trouble; mais Cromwell paraissait loin d'entrevoir quels seraient un jour les effets de l'irréflexion du Prince. Tout entier à ses opinions religieuses, prêt à s'immoler pour elles, il cherchait à s'expatrier avec un grand nombre d'autres sectaires. L'ordre fut donné d'arrêter par la force ces émigrations. Cromwell fut un de ceux qu'un ordre si imprudent retint en Angleterre.

C'est ici le cas de déplorer de nouveau ce système de tâtonnemens, ou plutôt ce caractère d'hésitation, et cet emploi de demi-mesures qui précipitèrent l'infortuné Charles dans un abîme. Ce Prince ne savait qu'irriter les résistances sans se mettre en état de les maîtriser. Au lieu d'une demi-force dont les tentatives le compromettaient sans cesse, il était malheureux de n'avoir pas reçu de la nature une faiblesse absolue. A cette condition, il serait devenu, comme Louis XIII, son contemporain, l'éternel pupille d'un Grand homme qui aurait régné sous son nom, et aurait fait d'autorité tous les changemens nécessaires.

Cromwell, ainsi que nous l'avons dit, préluda long-temps à son extraordinaire destinée. Napoléon monta beaucoup plus jeune, et brilla beaucoup plus tôt, sur la grande scène de la Révolution Française. C'est que celle-ci, par cela même qu'elle devait être définitive, marchait avec beaucoup plus de rapidité vers son dénoûment. La Révolution d'Angleterre n'avait pu être que préparatoire. Les hommes, ainsi que les événemens, avaient besoin de temps pour se mûrir, pour se former.

D'ailleurs, en France, le pouvoir civil, qui était sans bases fixes, fut bientôt envahi par le pouvoir démagogique; et celui-ci est toujours si effrayant, si cruel, et en même temps si insensé, si désordonné, qu'il ne peut avoir qu'une très-faible durée ; le pouvoir militaire vient toujours le trancher brusquement.

En Angleterre, le pouvoir civil était constitué depuis long-temps ; ses formes avaient fondé des habitudes qui lui donnaient les moyens de résister aux secousses religieuses et politiques.

D'ailleurs encore, la Révolution d'Angleterre, étant spécialement une révolution religieuse, ménageait l'existence des institutions aristocratiques, d'autant plus que c'étaient les Nobles d'Écosse qui l'avaient commencée, par jalousie contre l'Épiscopat. En France, la jalousie du peuple contre toutes les distinctions sociales était devenue rapidement haine et fureur. Une telle disposition ne pouvait manquer de précipiter l'État, à travers des convulsions démagogiques, courtes et violentes, vers le despotisme d'un soldat.

Aussi, Napoléon, pour faire un sceptre de son épée, n'eut pas besoin de longs détours, ni d'une honteuse hypocrisie. Quelque dissimulation, un peu de patience, beaucoup d'audace, et le vœu général, telles furent, pour lui, les marches du trône. On peut même penser que sa destinée fut prédite par les observateurs calmes et éclairés avant qu'il la présumât lui-même. C'est que les observateurs calmes et éclairés sentirent de bonne heure que la France ne pourrait être sauvée que par un Dictateur, et que le jeune homme appelé à le devenir, n'avait pas encore assez d'expérience, assez d'étendue dans la pensée, pour concevoir tous les besoins de sa patrie, et ce que de si pressans besoins lui donnaient de droits et de pouvoir.

Au temps de Cromwell, une Dictature n'était pas nécessaire, car tous les élémens d'une Constitution balancée existaient dans les habitudes, les mœurs, la religion et les opinions. Il aurait suffi à Charles Ier de vouloir réellement la Constitution que l'Angleterre possédait, et de persuader au peuple qu'il la voulait, pour que tout rentrât dans l'ordre par la voie de l'équilibre et de la confiance.

Au temps où Napoléon s'élevait, le Peuple Français étendait son horreur aveugle sur tous les moyens de balancement politique; c'était, sous une dénomination quelconque, une République qu'il exigeait; c'était, par conséquent, le Despotisme qu'il appelait.

Cromwell, au contraire, avait besoin de presser et augmenter les divisions de l'État, de saper indirectement tous les appuis de la Monarchie, d'exalter les opinions républicaines, de les soutenir par la force militaire, de leur consacrer en apparence l'emploi de cette force, afin de renverser par elle la Royauté, et de les comprimer à leur tour. Un tel plan, quoique enhardi par les imprudences de Charles Ier, demandait beaucoup d'attention, d'habileté, de détours et de constance.

Cela ne suffisait pas; il fallait encore que, du moins dans bien des momens, Cromwell fût animé d'un véritable enthousiasme ; car l'hypocrisie soutenue et calculée est nécessairement froide ; et des enthousiastes mystiques, des illuminés, ont un instinct de chaleur et de véracité qui leur fait repousser avec irritation l'homme qui cherche à prendre leur langage sans partager leur délire.

D'ailleurs, le sang-froid de la raison reste difficilement à l'homme qui obtient de grands succès ; les sentimens de piété sont bien séducteurs lorsqu'ils s'unissent à l'amour-propre. Dans les idées du temps, Cromwell pouvait dire, et même croire jusques à un certain point, que chacun des événemens qui annonçait son pouvoir, était *une œuvre de Dieu*, et non l'ouvrage des hommes ; c'est ce qui lui permettait de mettre dans ses discours une emphase sacrée, de laquelle devaient découler de grands moyens d'impression.

Et il avait soin de flatter les soldats par une participation abondante à sa mystique destinée. Lorsqu'il rendit compte au Parlement de la prise de Bristol, il termina ainsi sa lettre :

« On peut croire que quelques éloges sont dus à ces braves gens dont j'ai tant cité la valeur. Mais la prière qu'ils vous font, la part qu'ils demandent dans cette bénédiction, est de pouvoir être oubliés, pour ne laisser place qu'aux louanges du Seigneur. C'est leur joie d'avoir servi d'instrumens à la gloire de Dieu, et au bien de leur pays ; ils sont honorés que Dieu ait daigné les mettre en usage; ceux qui ont servi dans cette occasion savent bien que leur conquête n'est le fruit que de leur foi et de leurs prières. »

C'est de ce ton que Cromwell parlait et devait parler à une armée composée d'hommes qui passaient en jeûnes et en prières la veille d'un jour d'assaut. Aujourd'hui, nous gémissons d'une telle exaltation; mais, lorsque nous nous transportons au temps et aux circonstances, l'expression ne nous en paraît plus entièrement fausse et simulée. On sait d'ailleurs que l'on retrouve dans les lettres particulières écrites par Cromwell, à la même époque, cette mysticité dont il remplissait ses discours et ses relations.

Sans doute il montra aussi, plus d'une fois, que les croyances religieuses n'étaient, à ses yeux et entre ses mains, que des instrumens politiques. Mais, dans Cromwell, comme dans Napoléon, comme dans tous les hommes d'une grande saillie, il y a l'association de bien des contrastes. On peut penser, ce me semble, que, jusques à l'âge de quarante-deux ans, Cromwell fut enthousiaste, énergique et sincère; cet enthousiasme le lança rapidement dans une arène toute parsemée d'obstacles à vaincre, de rivaux à combattre, de palmes à cueillir; à la faveur de telles épreuves, son âme s'éclaira, acquit la connaissance des hommes, sentit la vanité ou la puérilité de la plupart des idées mystiques, mais resta sous l'influence de ses habitudes, et garda soigneusement des formes, un ton, un langage, qui étaient la source principale de son ascendant. Cromwell alors fut un de ces hommes d'État, qui montent avec adresse, et dirigent avec fermeté, les ressorts populaires. Mais il n'eut point acquis cet avantage, s'il n'eût commencé par être profondément fanatique, et si, en aucun temps, il eût cessé entièrement de l'être. Sous ce rapport, il ressembla à Mahomet, entraîné le premier par les rêveries qu'il imaginait, et dont il faisait autant de dogmes, par autorité de persuasion, encore plus que par la force des armes.

Ces immenses moyens ont manqué à Napoléon; ils n'étaient point dans son siècle, ils ne pouvaient être en lui, ni dans son armée. Lorsqu'il se présenta devant le Caire, il se donna le titre de premier sectateur du Grand Prophète; mais, c'était une phrase adressée à des hommes qui n'avaient rien de commun avec les Français; et, dans sa bouche, elle n'eut pas de prestige.

Reconnaissons d'ailleurs, en rappelant de nouveau que Cromwell employa plus d'une fois les formes de l'hypocrisie, que ce vice s'éteint à mesure que la civilisation avance, parce que, d'une part, les hommes, beaucoup plus en commerce intime et journalier, se connaissent mieux, se devinent avec une sagacité plus pénétrante; parce que, d'un autre côté, les vertus fortes, moins estimées, moins utiles à la considération et à la fortune, ont moins de sectateurs, et par conséquent, moins encore de copistes.

L'hypocrisie qui, du temps de Cromwell, pouvait quelquefois servir l'ambition, était déjà devenue bien superflue au temps de Napoléon ; aujourd'hui, le temps approche où elle sera ridicule.

On sait que Cromwell répandait quelquefois des larmes abondantes, lorsqu'il s'agissait d'entraîner l'adhésion d'hommes dont le suffrage lui était nécessaire. Ce don des larmes, comme moyen de frapper, de toucher, de séduire, suppose une puissance extraordinaire d'imagination, car les larmes ne peuvent jamais être entièrement gratuites ; pour arriver à en répandre, il faut commencer par s'exalter vivement en faveur d'une idée ou d'un projet ; il faut se créer un rôle, et y entrer réellement, en se fascinant soi-même au point de s'émouvoir profondément. Sans doute, cette exaltation ne dure pas, par cela même qu'elle est excitée ; mais quelques momens d'extase concentrée suffisent pour amener un effet qui, sans une telle préparation, serait impossible.

Ainsi, dans Cromwell, le don des larmes supposait un mélange d'imposture et de réalité. Nous verrons qu'aux approches même de sa mort, il était encore sectaire et mystique. Nul homme ne saurait parvenir à se dépouiller entièrement des sentimens et des idées dont il a été pénétré pendant les quarante premières années de sa vie, lorsque d'ailleurs ces sentimens et ces idées sont conservés par la plupart de ses contemporains. L'âme de Cromwell, à cinquante ans, était un mélange de toutes les passions, de toutes les erreurs, de toutes les lumières de sa vie. Des réminiscences fortes et réelles de ses anciennes dispositions venaient, de temps en temps, le saisir.

Napoléon n'avait jamais eu rien de vague et de spéculatif dans la pensée ; les larmes ne furent pour rien dans son élévation. Pendant son enfance et sa jeunesse, personne ne le vit en répandre. Mais elles ne lui étaient point naturellement impossibles ; il en versa beaucoup pendant sa retraite de Fontainebleau à l'île d'Elbe. Il fut ému alors d'un regret vif et profond ; et, puisqu'il pleura, ce regret fut, certainement, mêlé de sentimens honorables ; il n'eût éprouvé qu'une irritation sèche, si la catastrophe à laquelle il succombait n'avait excité dans son âme qu'humiliation et amertume ; ses adieux à son armée l'avait montré noble et sensible ; il avait mis en larmes la plupart de ses vieux soldats ; les siennes étaient la suite de celles qu'il avait arrachées ; sans doute, il se reprochait ses fautes, le bien qu'il aurait pu faire, l'immense gloire qu'il avait perdue ; ce n'est point par amour-propre que l'on peut pleurer la perte d'une couronne ; j'ajouterai même qu'il n'aurait pas pleuré, si, dès ce moment, il avait espéré ou projeté de la reconquérir.

CHAPITRE IV.

Cromwell marcha au pouvoir suprême par une gradation habile ; il parut sentir, de bonne heure, que beaucoup de choses utiles à son élévation pouvaient être faites par les sectaires subalternes, et principalement par le général Fairfax, dont il fit tacitement son précurseur.

Fairfax était brave sur le champ de bataille, et même d'une grande capacité militaire, mais sans capacité politique. « Il eut la trompeuse prétention de maintenir l'équilibre entre l'indépendance et le presbytérianisme (1) ; impartialité chimérique, qui le réduisit à l'impuissance, et lui fit éprouver la plus honteuse nécessité pour un chef de parti : celle de penser avec les uns, d'agir avec les autres, de servir d'instrument à des passions qu'il ne partageait pas, et de détruire la cause qu'il aimait. »

---

(1) Cette citation, et toutes celles que l'on trouvera dans le cinquième livre de mon ouvrage, sont prises dans l'Histoire de Cromwell, par M. Villemain.

Rien, en effet, de plus illusoire, et, pour cette raison, de plus funeste, que cette tentative de ménager également deux partis, dont l'un n'est que l'exaltation de l'autre. La force doit nécessairement rester au plus exalté ; alors d'ailleurs, il n'y a pas réellement deux partis ; il n'y en a qu'un, dans lequel, seulement, les premiers entrés en sont déjà aux regrets, aux réflexions, à la prudence, tandis que les derniers arrivés en sont à la violence et à l'exagération.

Il n'en est plus de même lorsque le cours des choses, fondant ensemble toutes les opinions et tous les intérêts similaires, a enrôlé tous les citoyens sous deux bannières uniques et directement opposées. Il existe alors réellement deux partis, formés, l'un des hommes qui veulent précipiter les changemens, l'autre de ceux qui veulent les empêcher ; et comme ces deux partis s'excitent mutuellement à dépasser toute mesure, la sagesse politique se place au milieu entre leurs impulsions. Les contenir l'un par l'autre, ou les contraindre à marcher ensemble, est, dans le premier cas, le triomphe de l'habileté, dans le second, le triomphe de la force. Il est des temps ou les Chefs des États en révolution, n'ayant pas à leur disposition une force suffisante, sont réduits, en attendant qu'ils se la procurent, à user de patience et d'habileté.

L'histoire de la Révolution Française, avant la Dictature de Napoléon, présente quelques Fairfax, c'est-à-dire, quelques hommes courageux, honorables par leurs intentions et leur caractère, sachant conduire une armée à la victoire, sachant même, ce qui est plus important peut-être, prévoir et affaiblir les revers, mais hors d'état de mesurer d'avance la portée des révolutions sociales, ignorant que si, lorsque l'on y est à temps encore, on peut les empêcher de se faire avec violence et désordre, elles ne peuvent plus être maîtrisées que par la force, lorsqu'elles sont en action décidée, et qu'alors même il faut que la force s'emploie à les protéger et à les consommer ; sans cela, elles brisent l'autorité même la plus énergique.

Les deux hommes les plus remarquables parmi ceux que je viens d'indiquer sont, à mes yeux, Moreau et Pichegru. Dans une Monarchie bien constituée, ils eussent rappelé les talens et les vertus de Turenne. Dans un État livré à une révolution impétueuse, ils ne pouvaient qu'en augmenter le déréglement et les secousses, aussitôt qu'ils voudraient s'en mêler.

L'histoire, en accordant une place distinguée à Moreau et à Pichegru, les laissera bien loin de Napoléon. Un seul moment, chefs de l'État, ils n'eussent ramené, au lieu du sage Louis XVIII, que l'épouvantable Robespierre.

Et puisque nous avons prononcé le nom du monstre, que voulait-il ? où était sa force ? sur quoi fondait-il ses projets et l'espoir de son élévation ? Quoi ! la conscience même de sa lâcheté ne lui donnait-elle aucune prévoyance ? était-il dépourvu de sens jusques au point de croire que, dans les temps de révolution, tout autre qu'un guerrier peut saisir le pouvoir ! se laissait-il abuser par l'exemple d'Octave ? Songeait-il à marcher, comme lui, au titre d'Auguste par la proscription et les fureurs ? Mais César avait précédé Octave, et accompli, en grande partie, ce qui, dans les révolutions, est du ressort militaire. En second lieu, toute la Révolution Romaine, au temps d'Octave, était concentrée dans les murs de Rome ; au contraire, la Révolution Française agitait, non-seulement Paris, mais la France entière, et même l'Europe. Enfin, l'esclavage existait encore à Rome au temps d'Octave ; c'était indépendamment de toute accession de la dernière classe de la société qu'Octave s'élevait. En France, c'était dans cette classe, sans fierté et sans lumières, que la Tyrannie démagogique allait chercher ses instrumens et ses appuis. Pouvait-elle être autre chose qu'infâme, atroce et éphémère ?

Que les Souverains de l'Europe aient sans cesse présente cette affreuse expérience. Depuis l'abolition de l'esclavage, les révolutions populaires ne peuvent plus être faites que par la populace ; ce qui ne peut que les rendre aussi abjectes qu'horribles.

Cependant, rien n'est plus inévitable dans les sociétés humaines que les changemens : mais ne nous lassons pas de dire que les changemens peuvent être faits sans secousses, de même que, dans l'atmosphère, le rétablissement de l'équilibre peut être produit sans l'intervention de la foudre. On peut faire mieux encore ; on peut prévenir ces fortes ruptures d'équilibre qui amènent les orages; on peut en politique sociale, plus aisément encore qu'en physique, ramener sans cesse vers le sol les accumulations naissantes. Un corps représentatif, formé d'une partie aristocratique et héréditaire, et d'une partie populaire et élective, est ce que l'on peut concevoir de plus propre à remplir les fonctions de médiateur continu.

Mais n'oublions pas que le physicien serait inévitablement foudroyé, si, pour placer un paratonnerre sur le sommet de l'édifice, il choisissait le moment de l'orage. En toutes choses, la raison consiste à prévoir, l'habileté à prévenir, la sagesse à se soumettre.

CHAPITRE V.

Les Anglais ont dit souvent que leur histoire entière, quoique bien féconde en crimes et en calamités, n'avait rien d'aussi atroce, d'aussi humiliant, que la domination exercée en France par l'horrible Robespierre.

Non! on doit en convenir; depuis l'existence des peuples civilisés, la cruauté et l'avilissement n'ont jamais été portés à un tel degré d'intensité. Mais, ainsi que nous l'avons dit, cela est venu, en grande partie, de ce que la Révolution Française, excessivement rapide, et, pour ainsi dire, excessivement condensée, a accumulé, sur un faible intervalle de quatre ans, ce que la Révolution d'Angleterre a distribué sur l'énorme durée de quatre siècles. Pendant cette longue période, on voit tant de traits, tant d'actes juridiques qui font horreur! Le meurtre même de Charles Ier se consomma avec des circonstances plus abominables que celui de Louis XVI. L'ordre particulier, adressé à l'exécuteur, fut écrit de la main de Cromwell. Quelle passion brutale et implacable! et les deux exécuteurs, celui qui porta le coup fatal, et celui qui montra la tête au peuple, étaient deux hommes masqués. Ce n'est pas chez le Peuple Français que l'on eût trouvé deux hommes assez cruels pour poursuivre la plus affreuse jouissance, et cependant assez lâches pour se cacher.

Voici, comme le remarque M. Villemain, qui n'est pas du fanatisme, mais de l'hypocrisie la plus révoltante :

« La première fois que l'on parla de l'arrestation du Roi dans la chambre des communes, Cromwell se leva, et dit, que si quelqu'un avait fait une telle proposition de dessein prémédité, il le regarderait comme un traître ; mais que puisque la Providence elle-même les avait conduits jusques-là, il priait Dieu de bénir leurs conseils. Dernièrement, ajouta-t-il, comme je me disposais à présenter une demande pour le rétablissement du Roi, j'ai senti ma langue se coller à ma bouche ; et j'ai cru voir, dans cette impression surnaturelle, une réponse que le Ciel, qui a rejeté le Roi, envoyait à mes prières. »

Quel siècle que celui où un tel langage peut être écouté sans indignation ! lorsqu'ensuite une commission est nommée sous l'influence de Cromwell, lorsque lui-même la préside, ou du moins la surveille et l'excite ; lorsque, atrocement joyeux d'en avoir obtenu la condamnation du Roi, il en signe l'arrêt, et barbouille, de sa plume remplie d'encre, le visage d'un autre commissaire, qui lui rend la même plaisanterie !.... Quelle gaîté de Cannibale ! ou même un peuple chez lequel les dominateurs ont une barbarie si grossière, n'est-il pas inférieur aux peuplades les plus sauvages?

Cromwell, d'ailleurs, avait fait, à l'égard du Roi, un usage si soutenu de la fourberie! lorsque ce malheureux Prince fut tombé entre les mains des indépendans, il le traita avec toutes les apparences du respect, lui fit espérer qu'il le replacerait sur le trône, l'entraîna aux plus fausses démarches, afin de le perdre par lui-même,.... voie la plus odieuse, précisément parce qu'elle est la plus sûre.

On ne trouve rien de semblable dans l'histoire de Napoléon. Il profita des fautes du Directoire et de celles des Républicains; mais il ne leur tendit point de piéges; il n'usa point de leur confiance pour les précipiter. Son acte le plus atroce, l'arrestation et la mort du duc d'Enghien, fut une violation brusque du droit des gens et de l'humanité; mais, ce ne fut point une perfidie.

La guerre d'Espagne fut un enchaînement de fautes et d'inconséquences, qui l'entraînèrent à des actes d'une tyrannie très-immorale, et, pour cette raison, très-funeste; mais, là encore, il n'y eut rien de prémédité. Napoléon ne savait pas plus préparer un projet odieux qu'une entreprise salutaire; souvent barbare par ambition et violence, les tâtonnemens de la fourberie ne s'accommodaient point de son impétuosité.

Reconnaissons d'ailleurs que Napoléon eut un grand avantage sur Cromwell; il n'avait pas eu besoin de mettre directement la main à l'œuvre révolutionnaire. Lorsqu'il saisit le pouvoir, il ne lui restait plus qu'à adoucir ou effacer des maux que d'autres avaient faits. Cromwell avait immédiatement participé à tous ceux qui avaient précédé son élévation ; il avait même commandé ou dirigé la plupart des catastrophes politiques, et des violences militaires ; il lui était plus difficile de se présenter comme le réparateur de tant de calamités ; c'était sans doute en sa faveur que le Parlement avait exercé, avec autant d'acharnement, l'action de renverser et de détruire ; mais, dès le principe, Cromwell avait su se rendre l'âme secrète du Parlement ; successivement, il en devint le bras, le chef et le maître ; enfin, il s'en délivra ; et ce fut une œuvre très-difficile, dans laquelle même, comme nous le dirons bientôt, il ne réussit pas complétement. Napoléon fut plus heureux, sans avoir besoin d'être aussi habile. Il n'eut à se délivrer que du faible Directoire, qui, d'avance, l'avait délivré de l'atroce convention.

Et les fautes du Directoire favorisant l'invasion étrangère, la rendant même très-menaçante, les révolutionnaires jetaient par leur irritation, dans l'âme des ennemis de la Révolution, encore plus d'effroi qu'ils n'en éprouvaient eux-mêmes ; c'est ce qui faisait que Napoléon était invoqué universellement comme Médiateur ; disposition qui le conduisait directement à la Dictature, mais dont il est juste de le glorifier, car il l'avait préparée par son habileté dans les combats, et encore plus par l'idée qu'il avait donnée de la grandeur de son caractère.

Cromwell n'arriva point, par les mêmes voies, à une situation semblable. Toutes les Nations de l'Europe étaient au moins indifférentes à la Révolution d'Angleterre; elles étaient sans influence sur l'animosité mutuelle des partis. Cette animosité mutuelle, produite par la discordance de maximes, toutes vagues, toutes insensées, étaient encore fomentée par l'adresse de Cromwell, qui nourri, dès son enfance, d'une théologie contentieuse, y avait puisé la faculté de parler également tous les langages, de soutenir avec la même force les rêveries les plus opposées, de flatter toutes les haines, tous les fanatismes, de noyer ses desseins secrets dans les hostilités mystiques de toutes les opinions.

C'est ainsi que tous les partis, à la fois enflammés de colère, et ne s'entendant plus, ne sachant plus ce qu'ils devaient attendre, ce qu'ils devaient craindre, pas même ce qu'ils devaient désirer, finirent par se jeter dans ses bras.

Remarquons cependant que lui-même, tout en excitant cette discordance générale, et en se présentant pour la terminer, n'en finit pas moins par confier définitivement son élévation à son armée. Tout trône nouveau n'a jamais qu'un chemin sûr et rapide; c'est celui qui est frayé par les soldats.

Au reste, l'histoire de Cromwell démontre, comme

celle de Napoléon, que, dans les temps d'agitation révolutionnaire, il est toujours une circonstance importante qui donne même un intérêt national à la plus grande vigueur et à la plus grande concentration de la force militaire, qui, par conséquent, concourt, avec les dissensions civiles, à amener la Dictature. Au temps de Cromwell, la conservation de l'Irlande fut cette nécessité pressante pour l'Angleterre. Au temps de Napoléon, ce fut, en France, la conservation même de l'Empire Français.

« Le pouvoir que Cromwell déploya en Irlande prépara son génie à l'asservissement de l'Angleterre; il trouva tout dans cette conquête : la première occasion du despotisme, l'ascendant d'une gloire nouvelle, et la disposition d'une foule de récompenses pour ses soldats et ses amis. Si la guerre civile fût restée toujours enfermée en Angleterre, il était difficile à Cromwell de s'emparer du pouvoir. »

Je ne partage point cette pensée de M. Villemain. Toute guerre civile se résout inévitablement en Dictature ; car, il arrive nécessairement de deux choses l'une : ou tous les partis se fatiguent et s'épuisent dans une lutte acharnée, sans résultat décisif, et alors ils finissent par implorer, tous, un pouvoir qui les contienne et les protége ; ou, ce qui arrive ordinairement, tous les partis, à la réserve d'un seul, sont vaincus, exterminés, ce qui ne peut avoir lieu qu'autant que le parti vainqueur s'est concentré, discipliné, de manière à faire les plus grands efforts avec la plus grande efficacité. En ce cas, il était déjà depuis long-temps sous le despotisme d'un chef, lorsque la guerre civile a été terminée.

Ainsi, de même que Napoléon, ou un autre guerrier du même caractère, aurait envahi le trône de France sans avoir besoin de passer par la conquête de l'Italie, de même Cromwell, ou tout autre fanatique habile et audacieux, n'aurait pas eu besoin de passer par la conquête de l'Irlande, pour saisir, en Angleterre, une couronne, que les dissensions civiles devaient arracher de dessus la tête de Charles Ier, puisqu'il n'avait su ni les prévenir ni les comprimer.

Mais nous devons reconnaître que cette expédition d'Irlande fut très-profitable à l'ambition de Cromwell, en ce qu'elle lui fournit l'occasion de déployer une grande activité militaire et politique, de se rendre ainsi redoutable et nécessaire, de fixer sur lui-même les craintes et les regards.

Lorsqu'il eut pacifié l'Irlande, ou plutôt lorsque, par des moyens d'une épouvantable tyrannie, il l'eut renouvelée, il lui imprima la loi d'une bonne administration, comme Napoléon en Italie ; mais Napoléon ne fut point cruel en Italie, parce qu'il n'eut que la résistance étrangère à renverser. Cromwell eut à étouffer, à punir, à venger toutes les violences de la discorde civile et religieuse ; il fut barbare au-delà du besoin. La répression des désordres religieux et civils s'exerce toujours avec colère.

L'issue de la guerre d'Irlande, comparée à celle des premiers mouvemens de la Révolution Française, présente un spectacle très-digne de réflexion. Tandis que, en France, la masse générale des propriétés du clergé et des émigrés fut seulement confisquée et vendue, « le sol entier de l'Irlande, fut partagé, vendu, donné. On en livra la plus grande partie à des négocians, qui avaient avancé des fonds pour soutenir la guerre; une portion fut distribuée aux officiers et aux soldats, en récompense ou en paiement de leurs services; l'Irlande devint un fonds sur lequel on acquitta toutes les créances que réclamaient les vainqueurs; elle servit à combler la dette immense de la guerre civile, et à satisfaire l'avidité de l'armée; les membres du Parlement furent associés dans le partage, et tous ceux qui avaient concouru à la mort du Roi reçurent de vastes possessions. »

Tout ce qui restait de la malheureuse Nation Irlandaise fut proscrit et contraint de se retirer dans une province déserte. « Un ordre du Parlement prescrivit, sous peine de mort, aux Irlandais catholiques, d'être rendus, tel jour, dans cette enceinte, et donna le droit de tuer tous ceux qui en sortiraient, sans excepter les enfans et les femmes. »

Voilà ce qui n'a pas eu lieu en France; ce qui vient sans doute de ce que, par l'effet d'une grande circonstance, la lutte entre les deux partis opposés a été moins acharnée qu'elle n'aurait pu l'être ; l'Ordre ancien a cédé presque subitement ; ses soutiens naturels se sont éloignés ; ce qui, ayant abandonné le champ de bataille à l'Ordre nouveau, celui-ci s'en est emparé avec moins d'irritation, l'a distribué avec moins de violence, y a laissé l'existence aux familles des anciens titulaires. On se rappelle avec quelle éloquence Mirabeau demandait que l'on ouvrît de larges portes à l'émigration ; en déblayant le lit du torrent de la Révolution, il songeait à en affaiblir la furie.

Il est, en effet, vraisemblable, que si tous les hommes naturellement attachés à l'Ordre ancien n'avaient pas été attirés hors de France, par l'espoir d'y trouver un asile et des vengeurs, la guerre civile se serait allumée en France d'une manière plus horrible encore qu'en Angleterre ; et comme le mouvement d'aggression révolutionnaire était essentiellement plus fort que la résistance, tout l'Ordre ancien, Nobles et Prêtres, aurait couru le danger pressant d'être exterminé avec tous les défenseurs, laïques et plébéiens, qu'il aurait pu lier à sa cause ; on n'aurait pas même accordé, à ses débris, un refuge dans une île déserte. C'est l'hospitalité étrangère qui, en prolongeant les froissemens, les a adoucis, et a fait qu'il a pu devenir possible à Napoléon, de mettre l'Ordre ancien et l'Ordre nouveau en fusion et en mélange.

Aujourd'hui qu'une force despotique n'est plus dans les moyens ni dans les intentions du Gouvernement, et que les prétentions de l'Ordre ancien se sont ranimées, quoique le temps ait consommé un grand nombre de ses appuis, que de soins et de prudence ne sont pas nécessaires pour prévenir des discordes civiles!

CHAPITRE VI.

La Révolution Anglaise, avons-nous dit, fut concentrée en Angleterre; différence très-remarquable entre cette révolution et celle qui nous a agités. La seule puissance forte et hardie qui existât au temps de Cromwell, celle du Cardinal de Richelieu, fut bien loin d'entraver sa marche; c'est bien pour cet homme formidable que la Religion était seulement un instrument de la politique; après avoir brisé, à la Rochelle, la résistance des Protestans Français, il s'était déclaré protecteur de ceux d'Allemagne; et lorsque les troubles religieux commencèrent en Écosse, il y favorisa les projets des réformateurs les plus séditieux; il leur envoya des armes.

A la mort de Richelieu, Mazarin commença par suivre le même système; il s'effraya ensuite, quelques instans, de la démagogie du long parlement; mais bientôt il se rassura. Cromwell n'était, selon son expression, qu'un heureux fou, que cependant il croyait devoir ménager, car il refusait un asile à Charles second.

Et pendant la longue et cruelle agonie politique de Charles Ier, aucun Prince de l'Europe ne témoignait, en sa faveur, de l'intérêt, ni de l'inquiétude.

Cette indifférence venait, en grande partie, de l'isolement où se trouvaient encore chacun des peuples de l'Europe. Quelques relations diplomatiques existaient entre les Cours; mais chaque peuple, occupé, chez lui, à se former, à s'éclairer, à se civiliser, ignorait ce qui se passait hors de son territoire; les diverses provinces d'un même royaume n'avaient même que très-peu de rapports entr'elles. Ainsi chaque État particulier était encore dépourvu d'opinion publique, encore plus d'opinion européenne. L'indifférence de chaque nation pour la situation morale et politique de celles qui l'environnaient ne pouvait qu'entraîner l'indifférence de son Gouvernement; car tout Gouvernement fixé et tranquille est dans des dispositions ressemblantes à celles des sujets.

Lorsque la Révolution Française a commencé, toute l'Europe s'apprêtait à devenir solidaire; les progrès du commerce, de l'industrie, de la littérature, des beaux-arts, avaient déjà fortement multiplié les relations. Aussi, tous les Gouvernemens ont pris un intérêt direct à nos troubles; les uns s'en sont effrayés, et s'y sont mal pris pour en arrêter la contagion. Les autres en ont vu la naissance avec une joie secrète, et s'y sont très-bien pris pour les fomenter. Napoléon s'est trouvé en regard de toute l'Europe; sous ce rapport, sa position a été très-différente de celle de Cromwell, de celle même de César. Ce n'était point autour de lui-même qu'il trouvait tous ses ennemis et tous ses obstacles. Les plus puissans, les plus redoutables étaient dans la patrie de Cromwell.

Nous reviendrons sur les conditions extraordinaires de sa situation politique. Comparons encore celle de l'Angleterre, au moment de sa révolution, avec celle de la France à la même époque.

Tandis que, en Angleterre, la condamnation d'un Roi était poursuivie d'une manière à la fois si sombre et si violente, la France n'était troublée que par la guerre de la Fronde, vaine et puérile agitation. Le Cardinal de Retz, brouillon sans but, mais non, à beaucoup près, sans esprit et sans courage, se laissait vaguement emporter, et par sa fougue incohérente, et par le désordre général des idées et des mouvemens. Prêtre sans mœurs et sans croyance, exempt par opinion, et encore plus par caractère, de tout fanatisme, il faisait de la religion un subterfuge beaucoup plus qu'un instrument. Il était loin de songer à jouer le rôle de Cromwell, n'ayant, à beaucoup près, ni la profondeur de son ambition, ni la véhémence de ses passions, ni la force de sa tête. Conduire, de longue main, à l'échafaud, un Roi, un homme quelconque, ou même Mazarin, aurait répugné à sa bonté naturelle, et aurait effrayé sa pensée, en se montrant à elle comme une œuvre trop forte, trop fatigante, trop soutenue. En politique, ce n'était point un général prévoyant et habile ; ce n'était qu'un brillant et brave colonel.

Il ne faut pas être surpris que chez une nation où les discordes civiles même étaient excitées, entretenues, par des hommes frivoles, on ne put qu'admirer la profonde énergie d'un grand ambitieux, et applaudir à ses succès. D'ailleurs, dans les Monarchies absolues, l'irréflexion est ordinairement le caractère du Souverain et du Peuple. Aussi, tandis qu'une République de création nouvelle, les Provinces-Unies, improuvaient seules le procès de Charles Ier, et fournissaient des secours à la cause royale, les ambassadeurs des Souverains du continent recueillaient les dépouilles des palais de ce malheureux Prince, et se rendaient sans honte à l'encan que l'on en faisait. Lorsque peu d'années après, Cromwell eut envahi le trône, sous le titre de Protecteur, la France, l'Espagne, toutes les Cours de l'Europe, s'empressèrent de le reconnaître, et de le féliciter sur son élévation.

Reconnaissons, il est vrai, que pour des Souverains, même héréditaires, c'est moins la permanence du dogme de l'hérédité dans d'autres Etats qui affermit leur pouvoir, que la soumission des autres peuples. Le pouvoir absolu, partout où il existe, est un argument en faveur de tous les genres d'autorité. Napoléon, assis sur le trône de France, y fut reconnu par tous les Gouvernemens, excepté par celui d'Angleterre ; et ce n'était point pour signaler Napoléon comme usurpateur que le Gouvernement Anglais refusait de lui donner le titre de Monarque ; c'était pour conserver le droit, ou un prétexte, de faire la guerre au Peuple Français.

Nous avons rappelé que les Souverains du Continent ne firent aucun mouvement, aucune démarche, pour empêcher la condamnation de Charles I*er* ; ajoutons maintenant que sa mort excita universellement l'indignation. Tel est le cœur humain. Tant qu'un grand crime se prépare, ce n'est encore qu'un grand spectacle dont la progression des scènes sert d'aliment à la curiosité publique ; le crime consommé, l'humanité et la justice se font entendre ; ceux même qui secondaient, soit par leur approbation, soit du moins par leur silence, la marche du féroce ambitieux, le couvrent d'imprécations, comme s'ils voulaient s'affranchir des remords qui le poursuivent et des peines qui l'attendent. Dans les églises même, les chaires étaient baignées de larmes ; ces mêmes chaires où, pendant le procès de l'infortuné Prince, des Prêtres fanatiques provoquaient son supplice, en prenant pour texte ces mots de l'Écriture : « Enchaînez vos Rois et » mettez vos Nobles dans les fers ! »

Quel fléau pour les sociétés humaines que le fanatisme ! et cependant, s'il révolte la pensée, il ne la flétrit pas. Comme il atteste l'énergie et la bonne foi des âmes qu'il égare, une sorte d'estime s'unit à l'horreur qu'il inspire. Changez les idées du fanatique ; imprimez à son ardeur une direction salutaire, et vous en ferez un homme vertueux.

On trouve l'excuse du fanatisme dans la plupart des juges de Charles Ier. On la cherche vainement dans les hommes qui condamnèrent Louis XVI ; les chefs étaient des monstres, que rien ne justifie. On ne peut invoquer, en faveur des subalternes, que l'humiliante excuse de la terreur.

Louis XVI, défendu par sa conscience et ses vertus, ne fit aucune de ces fautes qui déshonorent. Charles accepta, d'un Parlement séditieux, le bill de condamnation du magnanime Strafford, son ami le plus véritable et le plus fidèle. Il fit un autre acte d'une faiblesse flétrissante ; il sanctionna le bill par lequel les communes se déclaraient assemblée permanente, donnant ainsi son aveu formel à l'anéantissement de la Royauté : sans doute, Louis XVI accorda à l'Assemblée constituante beaucoup de choses fatales ; mais, dans l'inexpérience où l'on était encore, ces concessions du Monarque ne se montraient point manifestement éversives de l'ordre social ; et Louis XVI, lorsqu'il consentait à les faire, ne s'y déterminait point par faiblesse ; il ne connut jamais d'autre crainte que celle de manquer à la vertu, et de faire des malheureux; lorsqu'il cédait, non contre sa conscience religieuse, mais contre son opinion politique, c'était par besoin et espoir d'amener les temps de conciliation.

Charles avait régné en despote pendant douze ans, et cela en contravention avec les habitudes et les idées d'un peuple accoutumé aux formes de la liberté civile et politique. Louis XVI régnait aussi depuis douze ans, mais avec toute la condescendance d'un philosophe, et toute la bonté d'un père. Il avait aboli plusieurs institutions tyranniques, adouci l'exercice de celles qui restaient encore; s'il fit la faute immense de convoquer les États-généraux, ce fut pour être aidé par le peuple même dans l'intention généreuse de donner des garanties permanentes à la Monarchie et à la liberté.

Enfin, Charles Ier avait manqué de franchise; il avait pris des détours pour blesser l'opinion dominante, pour favoriser le rétablissement d'un culte décidément proscrit par la majorité du peuple anglais. Louis XVI, toujours plein de candeur, hors d'état de faire, en actions ni en paroles, le plus léger mensonge, avait hautement déclaré son attachement à la religion catholique; mais cet attachement sincère, et encore partagé par un grand nombre de Français, n'avait rien d'hostile pour l'esprit philosophique. Celui-ci, qui n'est autre chose que la préférence de la raison pour ce qui lui semble vrai, mais sans haine, sans intolérance, pour ce qui lui paraît d'une erreur innocente, n'avait jamais reçu de Louis XVI, même depuis la convocation des États-généraux, que faveurs et encouragement. Aux yeux de l'homme impartial, il était de toute évidence que Louis XVI n'était catholique que comme individu, et non comme Roi, qu'il renfermait toute sa foi dans son âme, sans songer qu'il lui fut permis ni possible d'en faire une loi pour ses sujets.

Quel fut donc le motif, ou le prétexte, de cet acharnement atroce avec lequel sa tête fut demandée? Le prétexte? il n'y en eut pas. Le motif? il fut horrible. Dans l'âme de factieux sans frein et sans courage se cachait le besoin d'associer à leur cause les âmes faibles. Un grand crime pouvait seul servir de lien; il fut commandé, et par une voie affreuse, par une terreur abjecte autant qu'épouvantable. Le rebut de l'espèce humaine fut soulevé, armé, excité à produire cet effroi stupide que causent les animaux féroces.

Honneur à ceux que les tigres et les bacchantes n'intimidèrent pas. Mais nous qui n'avons pas été soumis à une telle épreuve, pouvons-nous affirmer que nous l'aurions tous surmontée? loin du malheur, il est si facile de le braver!

Oui! c'est surtout le nom de malheur que je donne au crime des régicides subalternes : j'ai connu un de ces infortunés; il était si loin d'avoir, ni des opinions anarchiques, ni une âme cruelle! j'étais proscrit, et par les révolutionnaires : il me donna asile. Je suivis avec douleur, avec commisération, les ravages que causait en lui la honte de sa faiblesse. Au terme d'un an de souffrances désolantes, il perdit la vue ; bientôt il mourut !.... Qui me reprochera mon indulgence?

CHAPITRE VII.

Aussitôt que Cromwell eut donné aux Républicains fanatiques une horrible satisfaction, il s'occupa d'arrêter leur violence, et pour cela, de satisfaire, à leur tour, au moins par des espérances, les partisans de la Royauté.

Ne craignons pas de répéter que ce système d'alternative sera toujours suivi dans les temps de crise, parce qu'alors la nature même le commande. Semblables à ces maladies violentes du corps humain, pendant lesquelles toutes les forces vitales sont en exercice, mais non en équilibre, une crise sociale n'est autre chose que la lutte mutuelle des forces nécessaires à l'existence même de la société; chacune de ces forces est irritée, exagérée; chacune, pour cette raison, domine alternativement sur l'autre. En attendant que l'homme qui cherche à les faire concourir à la santé politique puisse y parvenir, il faut bien que lui-même se laisse entrainer, jusques à un certain point, par les mouvemens qu'elles impriment.

L'indication de cette nécessité, et de la marche qu'elle impose, est donnée par l'alternative des sentimens qu'éprouvent les hommes modérés. J'en atteste, de nos jours, les hommes qui ont mérité ce titre par leur raison et la probité de leur âme. N'ont-ils pas penché, tantôt vers les sectateurs de l'ordre ancien, tantôt vers les provocateurs des changemens, selon que les uns ou les autres les rebutaient par leur exagération, ou les effrayaient par leur tyrannie ?

En quoi consisterait la sagesse, et même l'habileté des Chefs des Etats, si elles ne demeuraient pas toujours conformes aux sentimens des hommes sages et modérés ?

Mais ces principes ne sont applicables que lorsque les Chefs des Etats ne sont pas eux-mêmes, par l'effet de circonstances personnelles, en opposition avec la direction principale des esprits ; car alors, ils sont même déplacés à la tête des Etats, et l'immensité même de leurs talens ne peut que très-difficilement les y maintenir. C'est ce que l'histoire de Cromwell démontre d'une manière très-remarquable.

En effet, dès le principe de sa marche ascendante, la moitié des actes nécessaires à son but ne fit cependant que lui préparer, pour l'avenir, des embarras insurmontables. Cela vint de ce que, dès l'instant où il ambitionna le pouvoir suprême, il se mit dans la nécessité de provoquer un renouvellement absolu de toutes les institutions fondamentales, ce qui le plaça dans une situation fausse; car le peuple anglais ne demandait point un renouvellement d'institutions,

17

mais au contraire le libre exercice de celles que déjà il possédait.

En France, il n'en était pas ainsi de Napoléon. Sa situation politique était belle, parce qu'elle était vraie. Au moment ou il s'était présenté avec tant d'éclat sur la scène de la révolution, celle-ci, en mouvement très-avancé et universel, rendait inévitable un changement profond dans les lois, les institutions, dans toutes les forces sociales; changement qui, pour être opéré avec ordre, exigeait l'intervention d'un Dictateur.

Cromwell dirigea ses premiers efforts contre la Noblesse; il y était contraint, puisqu'il voulait se substituer à la Royauté. Mais, dans quel aveuglement n'était-il pas jeté par la passion du pouvoir, lorsqu'il espérait renverser un Ordre politique dont la force, à cette époque, était majeure en Angleterre, qui n'était en butte à l'animosité d'une portion du peuple, que par accident, c'est-à-dire, par l'effet des torts personnels de Charles Ier, qui, d'ailleurs, avait, pour se maintenir, non-seulement la puissance des habitudes et celle de la fortune, mais encore celle de l'opinion publique, puisque la Réforme était son ouvrage?

Napoléon trouvait les choses dans un état bien plus favorable. D'une part, le progrès des mœurs, avant même la révolution, avait singulièrement affaibli la Noblesse; d'un autre côté, les individus de cette classe qui existaient encore, ceux que les révolutionnaires destructeurs appelaient *ci-devant-nobles*, avaient éprouvé les traitemens les plus odieux. Dispersés, ruinés, condamnés, ils se rangeaient sous le bouclier de Napoléon, comme sous celui d'un protecteur, et même d'un bienfaiteur ; ils s'attachaient à sa cause par intérêt et par reconnaissance ; de cette manière, ils adoucissaient la brusquerie de son élévation, sans néanmoins pouvoir compromettre les intérêts et l'esprit de la révolution ; car, sous le règne d'un soldat, que la révolution de l'égalité avait porté au rang suprême, la noblesse féodale était décidément finie.

Cromwell n'eut donc pas la connaissance de son but véritable ; il n'était destiné qu'à affermir, en Angleterre, la Réforme religieuse, et non à y consommer une révolution sociale, parce que les choses n'étaient pas disposées, en Angleterre, pour une telle révolution.

Tout ce que l'on peut dire, et non sans fondement, c'est que lorsque la résistance à un changement nécessaire a pris un caractère opiniâtre, un caractère d'obstination, il est inévitable que l'aggression prenne un caractère assez violent pour dépasser le but ; sans cela, elle ne pourrait même l'atteindre ; c'est l'histoire de toutes les grandes luttes politiques. Si Charles Ier voulait réellement arrêter la Réforme, en faire rétrograder l'impulsion, ramener l'Angleterre sous la domination, au moins spirituelle, de l'Eglise romaine ; si l'opinion prépondérante était profondément alarmée des intentions qu'elle lui supposait, peut-on concevoir que les zélateurs fanatiques de cette opinion pussent former le plan de briser l'opposition du Roi sans briser la Royauté ? L'opposition d'un Monarque, lorsqu'elle manque d'opportunité et de prudence, n'est-elle pas la plus fatale de toutes les calamités politiques ? Peut-elle faire autre chose que d'exposer la raison même à permettre, à seconder le triomphe de l'audace ? Peut-elle être vaincue autrement que par d'affreux bouleversemens ?

S'il en est ainsi, et l'histoire montre que cette vue est judicieuse, Cromwell ne pouvait donc réussir que par l'excès de son entreprise ; bien différent de Napoléon, qui avait, pour destinée, de réprimer les excès de l'entreprise la plus violente, et par conséquent, pour devoir, la fermeté dans la modération.

Suivons l'action de Cromwell et l'enchaînement ainsi que les effets de ses tâtonnemens, de ses inquiétudes.

S'apercevant que le meurtre du Roi avait fait passer la prépondérance des sentimens nationaux du côté de la Monarchie, il feignit de s'opposer à l'abolition de la Chambre des Pairs. En paraissant ainsi se tourner lui-même du côté de la monarchie, il isolait le Républicains, il les présentait à l'opinion comme plus violens, plus redoutables que lui-même ; il se déchargeait en partie, sur eux, de l'odieux de son crime.

Cependant, comme la conservation de la Chambre des Pairs serait devenue éversive de ses projets, il feignit de se laisser enfin arracher son consentement à ce qu'elle fût abolie, se ménageant ainsi, autant qu'il était possible, les honneurs de la modération et les profits de la violence.

De temps à autre, la plupart des Presbytériens, irrités ou humiliés des projets et de la puissance des Indépendans, tendaient à se réunir aux Royalistes, entraient même en négociation avec eux; Cromwell cherchait à dissiper leurs méfiances; il leur faisait les promesses les plus étendues; et lorsque les Indépendans s'alarmaient à leur tour, il relevait jusqu'aux doctrines des Niveleurs; il portait la condescendance jusques à faire rédiger sous ses yeux une déclaration de la souveraineté du peuple, arme terrible, semence de séditions effrénées, qu'il était obligé d'étouffer, lorsqu'elles prenaient un caractère embarrassant; et toute sa fermeté alors était nécessaire. Un jour il aborda, en pleine armée, les Niveleurs qui l'agitaient; il arracha à leurs chefs le signe de ralliement qu'ils s'étaient donnés, remit au sort le choix de l'un d'entr'eux, et le fit fusiller sur-le-champ; ce qui ne l'empêcha pas, peu de temps après, de suivre encore, quelques momens, leurs intentions, et de mettre en action leurs principes.

On n'a rien vu de semblable dans la conduite politique de Napoléon; dès l'instant où son intention fut décidée en lui-même, l'expression en fut franche et positive ; il n'employa, comme Cromwell, ni sinuosité ni discours pour saisir le pouvoir ; il marcha droit et en silence.

La journée du 20 avril 1653, en Angleterre, ayant eu de l'analogie avec celle du 18 brumaire en France, Napoléon et Cromwell peuvent être comparés à ces deux époques décisives. Napoléon fut plus tranchant que violent ; il avait pris son parti ainsi que ses mesures. Cromwell parut se soulager d'une contrainte longue, cruelle, accablante, qu'il s'était lui-même imposée, mais qu'il ne pouvait plus supporter. Le vase de sa patience était sans doute beaucoup plus que comblé, puisqu'il fut jeté dans des accès de fureur par la résistance du Parlement ; résistance qui néanmoins avait, en ce moment, un caractère d'hésitation, de timidité, de faiblesse. Si son autorité n'avait pas été déjà une chose dès long-temps établie, il l'aurait ruinée par les actes d'une sorte de démence auxquels il se livra.

Napoléon, le 18 brumaire, eut un instant d'embarras ; la circonstance était si importante ! mais il se posséda beaucoup mieux ; ce qui venait de ce que sa position était moins compliquée, son but plus simple ; pour y parvenir, il avait mis moins de temps, consumé moins d'efforts, étouffé moins de secrets. La chute du Parlement français était d'ailleurs très-avancée, lorsque Napoléon frappa le dernier coup ; il existait, parallèlement au Conseil des Cinq-Cents, une sorte de chambre haute, sous le titre de Conseil des Anciens, qui déjà appartenait à Napoléon, et lui fournit, le jour même, les moyens de consommer son entreprise.

Aussi, dès le lendemain, Napoléon prit, dans ses proclamations et ses démarches, un ton d'assurance, que les Français trouvèrent noble et juste, tant ils lui surent gré de les avoir eux-mêmes rassurés. Cromwell, au contraire, toujours inquiet, même de ses succès, reprit, dès le jour même de l'expulsion du Parlement, le ton et les procédés de l'hypocrisie. Il feignit de se sentir trop faible pour le fardeau immense dont le Ciel le chargeait.

Quelle ne devait pas être la confusion des idées et des choses chez un peuple et dans un siècle, où un homme, parti des rangs les plus obscurs, arrivait au pouvoir suprême, dissimulant toujours et ne trompant jamais personne !

CHAPITRE VIII.

Il est incontestable que Napoléon et Cromwell furent de grands capitaines ; mais on ne saurait les comparer l'un à l'autre sous le rapport de l'art militaire, parce que leurs situations militaires ne se ressemblèrent pas.

Et d'abord, en Angleterre, le fanatisme de l'égalité, s'unissant au fanatisme religieux, se maintint très-long-temps dans l'armée ; tandis qu'en France, ni l'un ni l'autre de ces deux fanatismes ne fut connu des soldats. Les armées de la Convention, rassemblées par la violence, disciplinées par la terreur, étaient formées, pour la plus grande partie, d'hommes tirés des classes inférieures du peuple ; classes encore ignorantes, qui pouvaient bien être sensibles aux excitations de la cupidité, et un jour devenir susceptibles des plus fortes impulsions du courage, mais qui étaient loin encore de se former la plus légère idée de l'égalité politique, et qui, au moment où elles étaient arrachées à la culture des champs, ou aux travaux mécaniques, étaient peu disposées à voir, dans cette contrainte, les présens de la liberté. Les pensées révolutionnaires n'existaient que dans les classes supérieures et les classes moyennes de la société. Ces classes pouvaient fournir des officiers aux premières armées de la révolution; mais ce n'est pas de leur sein que sortaient le plus grand nombre de soldats.

En Angleterre, les formes et les agitations de la liberté, déjà en exercice depuis plusieurs siècles, avaient étendu jusques aux classes les plus pauvres, jusques aux prolétaires, l'intelligence de la liberté sociale, et l'habitude des discussions politiques; en même temps, la Réforme, ranimant l'ardeur religieuse, était venue enflammer toutes les âmes du besoin de s'égarer dans les sentimens à la fois vagues et élevés; en sorte que, par un concert inouï dans l'histoire des hommes, les armées anglaises, à cette époque, étaient pénétrées en même-temps, et dans tous les points de leur masse, du fanatisme politique, et du fanatisme religieux, et leur piété même servait la discipline. « Il n'y avait dans leurs rangs, ni désertion ni pillage; les intervalles du service étaient remplis par l'exaltation religieuse; les officiers se chargeaient de tous les soins du sacerdoce; beaucoup de soldats éprouvaient des extases; ils allaient au combat en chantant des psaumes et des hymnes saints, et la mort était le martyre. »

De telles armées devaient offrir, à un sectaire brave

et habile, de grands moyens d'action, tant qu'il ne s'agirait que de renverser et de détruire, mais aussi devaient le jeter dans de grandes difficultés, dans de grandes inquiétudes, lorsqu'il s'agirait d'arrêter la destruction et de consolider le pouvoir.

C'est ce que Cromwell éprouva. Les armées du Roi ne purent lui résister; elles étaient sans enthousiasme. Mais lorsque le Roi étant vaincu et prisonnier, Cromwell laissa apercevoir qu'il voulait élever sa propre autorité au rang suprême, il ne trouva qu'irritation et révolte. Aussi, il ne cessait de répéter, dans le Conseil, qu'il fallait mettre en pièces le parti des Indépendans, ou que l'on serait brisé par lui.

Napoléon fut toujours maître de ses armées. Au lieu de l'enthousiasme religieux qui n'existait, ni dans son armée, ni dans son siècle, il enflamma le soldat de l'enthousiasme de la gloire; c'est le seul qui lui convienne.

Son ascendant fut prodigieux; il était si brave, si infatigable, si audacieux, si heureux ou si habile! L'aigle convenait à son étendard; il en avait le coup-d'œil, la rapidité et la force.

Et auprès de ses travaux, qu'étaient ceux de Cromwell? Celui-ci n'eut jamais dix mille hommes sous les armes; et, pour arriver au trône, il n'eut besoin que de deux victoires.

Napoléon eut à combattre l'Europe entière; ce fut sa faute sans doute; il aurait pu éluder cette nécessité immense. Mais puisqu'il n'en eut pas le bonheur ou la sagesse, quelle activité, quel ordre d'administration, quel pouvoir, quelle énergie de volonté ne lui fallait-il pas ? Jamais homme ne fut le centre de tant de mouvemens, et le dispensateur de tant de puissance.

CHAPITRE IX.

A MESURE que Cromwell s'avança dans la route qui le conduisait à l'autorité absolue, il rencontra, chaque jour, des écueils plus redoutables, qui le contraignirent à la combinaison très-difficile de ménagemens extrêmes et d'une grande fermeté.

Les Républicains exagérés ne cachaient point leurs défiances; les alarmes des Royalistes étaient moins profondes; les plus modérés sentaient que Cromwell en était venu au point d'avoir besoin de construire et de raffermir; et Cromwell, véritable homme d'État, n'ignorait pas que les hommes qui ont voulu conserver les choses anciennes, seront encore les meilleurs pour consolider les choses nouvelles, lorsqu'une fois ils auront pris pour elles une estime sincère, une véritable affection. Le plus grand art de la politique, dans un homme revêtu d'un pouvoir nouveau, est de faire naître cette affection et cette estime dans l'âme des hommes vrais, constans, qui furent sincèrement attachés aux anciennes institutions. Lorsqu'il peut, sans imprudence, les admettre à ses conseils, partager les grâces honorables et les fonctions importantes entre eux et les hommes généreux, ardens, éclairés, qui d'abord l'ont secondé, son pouvoir est assis : la crise est terminée.

Napoléon, à une certaine époque, avant la mort du duc d'Enghien, était arrivé très-près de cette fusion décisive; par ce crime insensé, il la rompit; et c'est alors que son pouvoir fut profondément ébranlé. Comment pût-il se résoudre à perdre ainsi l'immense avantage qu'il avait sur Cromwell? Celui-ci s'était fait directement le chef des meurtriers du Roi d'Angleterre, et, comme tel, avait rendu sa cause inconciliable avec celle des sectateurs ardens de la Royauté. Napoléon qui, par une faveur insigne de sa destinée, ne s'était pas trouvé dans les rangs des révolutionnaires barbares, pouvait-il commettre une faute plus extraordinaire que de ressusciter leur barbarie, et de s'associer à leurs forfaits? et, en imprudence, il allait même au-delà des premiers Révolutionnaires; ceux-ci se défendaient du moins par quelque force de nombre; Napoléon assassinait, seul, le duc d'Enghien; il ne se donnait point de complices; il se plaçait isolément dans la situation la plus odieuse. Quelle page dans son histoire !

Cromwell donna d'abord quelque sécurité aux Royalistes, mais, ainsi que nous le verrons bientôt, ne pouvant les gagner, et certain que des hommes, dont on ne peut faire des amis, deviendront ennemis, aussitôt qu'ils y seront encouragés par les circonstances, il tourna ses manœuvres politiques vers le parti populaire ; il convoqua une nouvelle assemblée, dont il nomma lui-même tous les membres, ayant soin de faire tomber son choix sur des hommes de la condition la plus obscure.

Qui n'eût pensé qu'il disposerait de leurs opinions, de leur volonté ? et il n'en éprouva que résistance !

Cette opposition inattendue, et que la docilité des assemblées formées par Napoléon semble rendre honorable, peut être aisément expliquée. Ces artisans, ces hommes grossiers, appelés par Cromwell à représenter les Communes, n'en étaient pas moins des fanatiques ardens et éloquens. A cette époque extraordinaire, le don de la prédication, de l'inspiration, de l'extase, était descendu jusques aux dernières classes de la société. Il suffisait de les réunir pour donner naissance à des obstacles insurmontables, parce que leur enthousiasme devenait enflammé.

« A la première séance, on commença par *chercher le Seigneur*... Les cœurs du plus grand nombre étaient saisis d'une allégresse intérieure ; quelques-uns affirmèrent que, dans aucun moment de leur vie, dans toutes leurs réunions, et dans tous leurs exercices de piété, ils n'avaient autant joui de la présence et de la communication de Jésus-Christ. »

Quel parti politique, ou du moins raisonnable et social, peut-on tirer de tels hommes ? et quel parti peut-on prendre, lorsque l'on ne peut s'en passer ?

La plupart de ces Chrétiens démocratiques appartenaient à une secte qui, à force de piété, prétendait que le Saint-Esprit descendait également dans toutes les âmes, ce qui rendait les Prêtres inutiles; aussi, elle les supprimait.

A cette secte correspond, de nos jours, celle de ces métaphysiciens allemands qui donnèrent tant d'humeur à Napoléon, lui suscitèrent tant d'entraves, contribuèrent si fortement à sa chute, et aujourd'hui sont si embarrassans pour leurs Souverains. Leurs chefs déclarent que *tout homme est une force*, qu'à ce titre il est essentiellement *libre*, et que c'est à lui seul à se commander au nom de sa raison, ou du moins à instituer, au gré de sa raison, les lois et les pouvoirs qui doivent entraîner son obéissance.

Ce sophisme pêche directement par sa base. Car s'il est certain que tout homme, considéré isolément, est une force, puisqu'il a la faculté d'agir, il est également certain que tous les hommes, comparés entre eux, sont de forces très-inégales; ce qui réduit à n'exister comme force réelle, entre les hommes rassemblés, que la force du plus fort.

On sent combien de telles maximes peuvent d'abord imprimer de dispositions séditieuses, anarchiques, et ensuite fonder de despotisme; ce qui n'empêche pas que l'on ne puisse estimer profondément le caractère des peuples chez qui elles sont répandues; elles prouvent, dans la masse générale de ces peuples, un fonds réel de sentimens élevés; car une persuasion extatique de la liberté humaine n'est autre chose qu'une idée exaltée des présens que l'homme a reçus du Créateur.

Mais toute exaltation est dangereuse. Soyons satisfaits de ce que, en France, la Philosophie nationale se fonde chaque jour sur des pensées plus calmes. Les Français, aujourd'hui, sont bien moins avides des ravissemens de l'extase que de la connaissance de la vérité.

CHAPITRE X.

L'Assemblée que Cromwell avait formée et sur laquelle il avait si vainement compté, eut à peine un an de durée ; Cromwell s'en délivra par un coup d'autorité bien plus facile que celui à l'aide duquel il avait dispersé le Parlement.

C'est à la suite de ce second coup d'autorité qu'il se fit nommer Protecteur ; et, pour s'élever à ce titre, il n'éprouva pas plus d'obstacles que Napoléon n'en a éprouvé pour être nommé Empereur. En Angleterre, comme en France, on prévoyait, depuis long-temps, le mouvement qui porterait, à la tête de l'État, le guerrier le plus audacieux et le plus ferme. Or, une Révolution individuelle ne peut être prévue depuis long-temps, et par un grand nombre d'hommes, sans être désirée ; c'est ce qui la rend facile.

Dans la constitution *Républicaine*, dont Cromwell fut déclaré Protecteur, le simulacre d'un corps représentatif fut conservé ; ce fut une Chambre des communes, mais unique, sans Chambre des Pairs, comme dans l'ouvrage de notre assemblée constituante.

Cromwell eut soin de multiplier les moyens d'exception dans l'élection des Députés ; il insista surtout sur la nécessité, pour pouvoir aspirer à cette fonction, d'être pénétré de *la crainte du Seigneur*. Il se ménagea ainsi une faculté d'épuration qui mit presqu'entièrement l'élection entre ses mains.

Napoléon ne constitua également qu'une seule assemblée, qui fut docile sans effort, car toute la France était docile ; il confia l'élection à un Sénat qu'il chargea principalement du soin de *conserver* sa puissance.

La Chambre des Communes, ouvrage de Cromwell, reçut de lui la commission de l'installer dans le Protectorat. On peut rapprocher cette cérémonie du couronnement de Napoléon. C'est l'Orateur de la Chambre, seule dignité dont le Protecteur ne s'était pas réservé la confirmation, « qui lui présenta une robe de velours pourpre, bordée d'hermine, une grande bible, richement ornée, une épée et un sceptre d'or massif. Deux Nobles aidèrent Cromwell à se revêtir de la robe ; la bible lui fut remise dans les mains ; l'Orateur lui ceignit l'épée et lui donna le sceptre ; puis, dans un discours, il expliqua l'usage de ces divers symboles. »

On voit que Cromwell sut donner à cette inauguration quelques formes nationales ; mais il ne permit point que le titre de son autorité parût en dépendre : et l'Orateur de la Chambre, avec lequel sans doute il avait combiné tous les actes de la cérémonie, eut soin de lui dire : « le nom que vous aviez auparavant, celui de Protecteur, est aujourd'hui confirmé par le suffrage du peuple des trois nations. » C'était bien de l'adresse.

Cromwell institua un Conseil d'État qui semble avoir servi de modèle à celui de Napoléon ; mais, tandis que Napoléon eut la faculté si importante de pouvoir rendre sa dignité héréditaire, Cromwell fut contraint de confier au Conseil d'État l'élection du Protecteur ; il fondait ainsi l'Oligarchie la plus abusive ; mais ce n'était point sa faute : il désirait vivement prendre le titre de Roi ; il se le fit même offrir par la Chambre des Communes, et il feignit de résister à ses instances. Mais c'est de la part de l'armée que vint la résistance réelle. L'armée avait conservé le droit de délibérer ; et Cromwell, dont elle faisait la force, qui même, ne pouvant compter que sur elle, avait le funeste besoin qu'elle pût, à sa voix, redevenir violente, fanatique, tyrannique, était contraint de la ménager.

Sous Napoléon, le soldat, étranger à toute opinion religieuse et politique, n'était que brave et docile; bien loin d'opposer des difficultés, c'était lui qui les aplanissait.

Cromwell cependant, dès le début de son autorité, fit ce qu'il put pour opérer une fusion générale des opinions et des intérêts. Ainsi que Napoléon, il poursuivit, pour se les attacher, les hommes de mérite; il rendit les taxes égales; il maintint, dans leurs places, les juges, les magistrats municipaux, les officiers de l'amirauté; il se borna à intimider le parti royaliste, mais sans l'opprimer; il confia à des royalistes prononcés de hautes fonctions judiciaires. Sa fermeté ne fut inflexible que dans l'application des lois contre les désordres publics. D'ailleurs, il était sincèrement disposé à cette tolérance politique, qui, de la part d'un pouvoir nouveau ou renouvelé, n'est autre chose que la prudence. Il écrivait à son fils Henri, chargé de le représenter en Irlande :

« Je crois qu'il y a des personnes peu satisfaites de l'ordre présent, et prêtes à montrer leur mécontentement à la première occasion. Le temps et la patience les amèneront à un meilleur esprit, et leur feront voir ce qui semble aujourd'hui leur être caché, surtout si elles éprouvent votre modération et votre bienveillance, au moment même où elles sont dans une route opposée. Je vous recommande instamment de mettre à cela votre étude et tous vos efforts. »

Tant de sagesse, et, l'on peut ajouter, tant de bonté, méritent d'être remarquées dans un homme qui, pour s'élever, n'avait ménagé ni violence ni tyrannie. Auguste avait déjà montré que, dans l'âme des grands ambitieux, peuvent résider à la fois les plus nobles vertus et les qualités les plus odieuses; et l'on ne peut douter que Napoléon, en paix avec l'Europe, et affermi sur le trône de France, se serait signalé par un grand nombre de traits généreux.

Mais, nous l'avons dit : la position de Napoléon, au sein de la France, était vraie, conséquente ; semblable à celle d'Auguste, elle était concordante avec l'état intérieur des choses et des esprits. Auguste resta paisible sur le trône, parce qu'il n'eut à s'occuper que de gouverner les Romains.

Aux mêmes conditions, Napoléon eût conservé le pouvoir ; il l'eût également conservé si, obligé de lutter ou de transiger avec l'Europe entière, il ne s'était pas laissé entraîner à l'ambition de la vaincre et de la dominer. Cette ambition insensée lui fit faire des fautes immenses ; et, pour se mettre en état de les commettre, il fut contraint de porter, en France, son autorité jusques à la tyrannie, et par-là de ruiner son autorité.

Mais Cromwell, libre, comme Auguste, de toute résistance extérieure, n'était pas, comme Napoléon, Dictateur paisible et reconnu. Dès la seconde année, il éprouva la très-grande difficulté de concilier son pouvoir avec les formes et les apparences de liberté qu'il était forcé de respecter. Une habitude sociale, longue et enracinée, ayant déjà rendu, en Angleterre, l'intervention du Parlement nécessaire pour le vote de l'impôt, Cromwell ne pouvait s'affranchir de cette nécessité. Malgré ses soins, et encore contre son attente, la nouvelle Chambre des Communes se mit, à son égard, en état d'opposition et même d'hostilité politique ; comme ses paroles et ses promesses étaient, aux yeux de tous, en contradiction avec les intérêts de son pouvoir, il n'inspirait aucune confiance, était sans cesse pris en défaut, et malgré l'éloquence la plus abondante et la plus insidieuse, s'embarrassait dans son inconséquence. On en venait à discuter ses titres ; les discuter, c'était les anéantir.

Un seul moyen existait, pour Cromwell, de sortir d'une situation si embarrassante et si fausse ; il se hâta de contraindre, par la voie militaire, le nouveau Parlement de reconnaître son autorité comme *fixe*, *légitime*, *constitutionnelle*.

Mais, en Angleterre, une telle formule était complétement illusoire. Elle ne pouvait être réalisée que par la force et l'oppression. Cromwell y fut réduit, et alors il ne s'arrêta pas. Il enleva toute liberté de parler et d'écrire ; il frappa à-la-fois sur les Républicains, les Royalistes, les Ecclésiastiques ; aussitôt les conspirations s'élevèrent, tantôt Royalistes, tantôt Républicaines, toujours fanatiques. Pour les étouffer, il tint en exercice la sévérité la plus cruelle, et, dans tous les partis, il eut à ses gages des traîtres qui lui donnèrent l'éveil sur tous ses dangers.

Il créa, sous forme positive, le Gouvernement militaire, en instituant des Majors-généraux, qui ne relevaient que de lui seul, se partageaient l'Angleterre par districts, et avaient, sur les officiers inférieurs, l'autorité la plus absolue.

A l'aide d'une telle institution, son despotisme fut d'une tyrannie à laquelle le despotisme de Napoléon a été loin de s'élever. La tyrannie n'est presque jamais qu'une précaution ; c'est elle qui fixe, sur ses alarmes, la mesure de son action et de ses garanties. La tyrannie d'un grand homme doit lui paraître bien nécessaire !

Napoléon employait, dans ses armées et dans ses administrations, les Royalistes et les Républicains ; c'est ainsi qu'il travaillait à dissiper toutes les défiances ; mais c'est un soin qu'il n'aurait pu prendre, s'il n'eût pas cru lui-même qu'il pouvait se confier.

Que de sombres terreurs devaient agiter l'âme de Cromwell, lorsqu'il frappait, sur tous les Royalistes, une contribution du dixième de leurs biens ; lorsqu'il leur défendait le port d'armes, lorsqu'il faisait porter sur eux toutes les rigueurs de l'administration, lorsqu'il jetait dans les fers les chefs des familles les plus illustres ; lorsqu'en même temps il ordonnait que les officiers Républicains les plus ardens fussent arrêtés et dégradés !

Et cependant, la passion était étrangère à toutes ces mesures si violentes, si odieuses. Cromwell était juste, exact, modéré, dans tout ce qui ne touchait pas immédiatement à son pouvoir. On sait que Napoléon arrêtait l'arbitraire aux mêmes limites ; et elles étaient bien moins oppressives, parce que son pouvoir était beaucoup moins exposé.

On ne peut douter que, même par caractère, Cromwell eût désiré satisfaire les hommes généreux, et leur confier sa cause. Il sollicitait souvent les plus fiers Républicains, tels que Ludlow, de souscrire une simple promesse de ne point agir contre son Gouvernement, certain, s'il l'obtenait, qu'il n'aurait plus rien à en redouter; et il ne pouvait l'obtenir! Quelle situation! quelle source d'humiliation et de dépit! Les immenses traverses de Napoléon avaient du moins un caractère élevé; c'était des Peuples ou des Rois qui refusaient de plier; il pouvait s'en plaindre au Peuple Français, et l'entraîner à venger son orgueil; en attendant l'expiation, il jouissait du moins de la vengeance.

Cromwell convoqua, pour la troisième fois, un simulacre de Parlement, en ayant soin d'exiger que les membres, avant de siéger, vinssent lui demander son approbation; et comme une Chambre des communes, aussi servilement composée, ne le rassurait pas encore, il s'efforça de rétablir l'ancienne Pairie, afin de se donner un bouclier contre les Républicains. Nouvelle humiliation! nouvelle source d'inquiétude! Vainement il prodigua, aux plus illustres familles, ses empressemens et ses caresses; il n'en séduisit qu'un très-petit nombre.

Il essaya alors de réunir ses parens et ses plus fidèles amis, et d'en composer une Chambre haute; il leur envoya des lettres de convocation, suivant la formule autrefois usitée pour la Chambre des Lords.

Cromwell fit là une grande faute. Il parut méconnaître la nature de son pouvoir et le caractère de la Révolution qui l'en avait revêtu. Une révolution démocratique ne saurait être brusquement terminée par l'établissement d'une aristocratie nouvelle.

Qu'arriva-t-il ? Les républicains s'irritèrent. La Chambre des Communes, enhardie par leurs clameurs, se mit à attaquer directement le joug qui l'opprimait: « Une si vive opposition excita beaucoup d'espérances, et rallia tous les ennemis du Protecteur; les prédicateurs de la secte indépendante recommencèrent à déclamer avec fureur ; le parti royaliste, attentif à tous les troubles, comme à des occasions de victoire, s'agita et chercha de nouvelles alliances ; le mécontentement éclata dans les discours de beaucoup d'officiers de l'armée ; des pétitions violentes furent répandues dans Londres ; la Chambre des Lords, repoussée par l'esprit de la révolution, et contraire aux droits de l'ancienne noblesse, n'eut de force nulle part. »

Cromwell, effrayé du danger le plus menaçant et le plus rapide, se hâta de briser ce Parlement ; la morne tranquillité qui succéda à cet acte de violence, lui prouva qu'il n'avait d'autre parti à prendre que de s'isoler dans la Dictature, en lui donnant pour toute barrière la tyrannie..... et il avait trop de raison pour n'en pas sentir la faiblesse.

CHAPITRE II.

Cromwell sentit qu'il ne pouvait confier sa défense personnelle qu'à la gloire de son administration, et, depuis long-temps, il avait préparé les succès de ce moyen formidable. Il n'était pas encore maître déclaré de l'État, qu'il avait fait rendre par le Parlement ce fameux Acte de Navigation, dont la prospérité toujours croissante de l'Angleterre a été la conséquence. En homme qui voit les choses politiques conformément aux plans éternels de la nature, il avait pensé que l'Angleterre, ne possédant qu'un territoire peu fertile et peu étendu, mais situé d'une manière éminemment favorable au commerce, serait inévitablement écrasée par une des grandes puissances continentales, si elle ne se hâtait de saisir la prépondérance maritime. Or, une telle prépondérance ne pouvait résulter que d'un monopole général du commerce. Cromwell le fonda. L'acte de Navigation prescrivit « qu'aucune production d'Amérique, d'Afrique et d'Asie, ne serait importée en Europe, autrement que sur des vaisseaux anglais, et que chaque peuple d'Europe ne pourrait envoyer sur ses vaisseaux que les productions de son sol et de son industrie. »

La Hollande voulut se soustraire à cette usurpation; ses flottes furent battues; la marine anglaise prit rapidement un grand essor.

Ce fut peu de temps après ces premières victoires que Cromwell se fit déclarer Protecteur. Il montra alors la grandeur d'âme d'un Patriote et d'un homme de génie. Quoiqu'il n'eût pas commandé en personne les flottes anglaises, et que les principaux officiers de marine fussent ses plus violens ennemis, il les combla d'honneurs, et servit leur zèle de toute sa puissance.

Il reçut la récompense de cette magnanimité. De nouvelles et plus grandes victoires furent remportées; et c'est à lui que l'Europe et l'Angleterre même en firent honneur.

C'est alors que sous son règne, comme sous celui de Napoléon, les sentimens qui naissent de la gloire nationale supplantèrent, dans bien des âmes, ceux qui étaient nés du désir de la liberté.

Et une autre grande analogie mérite bien d'être remarquée. Tandis que l'Angleterre, quoique livrée intérieurement à une grande agitation, portait au loin la puissance de ses armes, les arts de la paix fleurissaient dans son sein; ils faisaient même des progrès éclatans.

La Révolution Française a montré d'une manière encore plus marquée le même phénomène. C'est que les Révolutions populaires sont principalement l'effet d'un développement critique de l'intelligence humaine. Pendant toute leur durée, chaque individu est disposé à plus d'essor, plus d'action, ce qui se manifeste, et par l'énergie ainsi que la multiplicité des ambitions individuelles, et par l'activité de tous les genres d'industrie et de talent. Et comme les hommes qui s'élèvent au sommet des mouvemens, portent nécessairement en eux-mêmes, dans un plus haut degré d'ardeur et de force, toutes les puissances du moment, on voit que, non-seulement ils favorisent et protègent les lettres, les sciences, l'industrie, mais qu'ils deviennent souvent l'objet de leur inspiration.

Cromwell et surtout Napoléon se sont distingués par ce genre d'influence.

Cromwell avait le projet de faire de l'Angleterre le centre et l'appui d'une grande ligue des États protestans; c'était montrer qu'il voyait où était la force et la révolution du siècle. Tout son zèle religieux et toute sa haine politique se dirigeaient hautement contre la cour de Rome; par-là il rassemblait autour de sa propre cause toutes les sectes Luthériennes et Calvinistes, qui, en Angleterre comme dans le reste de l'Europe, suspendaient leurs animosités mutuelles, toutes les fois qu'une occasion se présentait de frapper l'ennemi commun.

Ce que Napoléon tentait en faveur de la Philosophie, ressemblait à la ligue Protestante. Il y avait cependant cette grande différence, que la Philosophie elle-même ordonne le ménagement de toutes les opinions religieuses, tandis qu'une secte quelconque veut la proscription de toutes les autres. Aussi Napoléon, en rendant un appui à la religion catholique, rebutait un grand nombre de Protestans et de demi-Philosophes. Ceux-là avaient les demi-vues et l'intolérance des sectaires.

CHAPITRE XII.

Suivons maintenant un spectacle mémorable.

Cromwell semblait poursuivi par la prospérité. Plusieurs États de l'Europe se liaient à sa politique; d'autres recevaient sa loi ou briguaient son alliance; il gouvernait l'Angleterre avec autant de sagesse, de fermeté, de justice, que son âme éclairée pouvait en concilier avec les circonstances; et il était harcelé par ces circonstances toujours compliquées, toujours menaçantes! et il se débattait vainement contre les obstacles qu'elles ne cessaient de susciter!

Ses grandes entreprises entraînaient de grandes dépenses; pour y fournir, il était contraint de convoquer la Chambre des communes; et, aussitôt, ce n'était pas seulement la situation des finances que l'on discutait, c'était la situation politique de l'État; c'était le pouvoir même du Protecteur; c'était toutes les choses fondamentales. Par une fatalité déplorable, il ne pouvait, ni s'affranchir d'un simulacre de représentation nationale, puisque son autorité était loin de suffire pour la détermination et le vote des impôts, ni compléter et perfectionner cette représentation, en laissant à la Chambre des communes une véritable indépendance, et en soumettant ses résolutions au contrôle ferme et prudent d'une Chambre des Pairs; les deux essais, en sens opposés, qu'il avait faits à cet égard, et qui, l'un et l'autre, avaient occasionné de si fortes secousses, lui avaient démontré qu'il ne pouvait, ni créer une aristocratie nouvelle, ni s'accommoder de l'ancienne; et son isolement, au milieu de l'aggression universelle, lui démontrait en même temps, que le Pouvoir suprême, pour être fixe et inébranlable, ne doit pas s'appuyer uniquement sur une armée, mais encore, et spécialement, sur des familles éclatantes et associées, sur des intérêts puissans et permanens. Si, comme Napoléon, il avait pu étendre fortement son action militaire, renouveler ses armées par des combats glorieux, s'entourer d'hommes nés dans les camps, et n'ayant d'autres idées, d'autres habitudes, que celles des droits de conquête; il aurait pu, à l'aide du temps, réduire l'ancienne aristocratie à le servir ou à s'éteindre, et constituer, autour du tronc de sa puissance, les souches nouvelles d'une aristocratie formidable, qui aurait affermi son autorité. Mais, confiné dans son île, n'osant point s'en éloigner, et se mettre à la tête de la force réelle de l'Angleterre, de la force navale, ne trouvant pas, sur le territoire qu'il gouvernait, une population assez considérable pour en composer de grandes armées, à l'aide desquelles il pût envahir des contrées étrangères, enfin, pour toutes sortes d'opérations brillantes et dispendieuses, manquant de ressources pécuniaires, et ne pouvant en créer, il était, malgré lui, à la merci d'un état de choses, qu'il ne pouvait ni employer, ni bonifier, ni changer.

Aussi, un de ses confidens, effrayé des difficultés et des dangers de sa situation, lui conseillait de profiter de la mauvaise fortune de Charles second, pour lui rendre la couronne, en assurant par-là ses propres avantages et ceux de ses amis. Mais il repoussait de tels conseils, soit qu'il crût ne pas pouvoir compter sur la reconnaissance et la fermeté de Charles second, soit que cette ténacité d'orgueil, qui fait toujours le caractère des grands ambitieux, lui fît préférer toutes les inquiétudes, toutes les catastrophes même, à l'abandon volontaire du fruit de ses travaux.

Il est vraisemblable que des conseils du même genre n'osaient pas même s'approcher de Napoléon. Plus orgueilleux encore que Cromwell, il les aurait punis comme téméraires; d'ailleurs, sa situation ne les autorisait pas; les grandes difficultés, qui la rendaient si critique, si périlleuse, ne lui étaient pas essentielles; lui-même les ayant suscitées, il pouvait se croire assez fort pour les briser.

Cromwell se sentait manifestement plus faible que celles dont il était environné; car, d'une part, il ne traitait presque jamais avec la Chambre des communes, qu'en prenant un ton d'arrogance et de colère;

d'un autre côté, sa tyrannie redoublait; tourmenté par les plus sombres défiances, il était constamment armé, et chaque jour se rendait moins accessible. Tout son édifice s'écroulait. « La violence de son Gouvernement repoussait vers Charles second, non-seulement les Presbytériens qui, dans l'origine, ne voulaient qu'une réforme et un partage dans l'autorité royale, mais les sectes même les plus enivrées de la démocratie évangélique. Charles recevait, des hommes de la *cinquième Monarchie* (ceux qui attendaient le règne effectif de Jésus-Christ), plusieurs adresses où tous ces rêves d'une liberté indéfinie, toutes ces espérances de la royauté de Jésus-Christ, se réduisaient au renversement du Protectorat, et au rappel de l'ancienne monarchie. »....... « En butte à la haine de tous les partis, abhorré par les Républicains qu'il opprimait, par les ambitieux dont il avait détruit l'espérance, par les fanatiques qui s'apercevaient enfin d'une si longue dérision, entouré de plaintes et de résistances, il n'avait pour appui que cette armée exigeante et factieuse, qui se regardait elle-même comme déchue de la part qu'elle avait long-temps prise dans le pouvoir civil. Voilà, sans doute, les considérations qui faisaient dire à un Écrivain (Burnet), d'ailleurs ennemi des Stuarts, que Cromwell était au bout de ses artifices, et que, s'il avait plus long-temps vécu, il n'aurait pu conserver sa puissance. »

Avant de comparer une telle situation à celle de

Napoléon, achevons d'en reproduire le tableau. Il est si frappant ! c'est pour le cœur humain une leçon si terrible !

« La vie du Protecteur, qui semblait si généralement attaquée, ne fut jamais menacée par une tentative réelle. De tant de complots, de tant de projets d'assassinat, aucun ne vint jusqu'à une entreprise directe sur sa personne. Mais, s'il prévenait tout par sa vigilance, ou s'il échappait à tout par son heureuse fortune, il est un degré d'effort et de fatigue auquel la nature humaine succombait en lui. Dans un âge voisin de la vieillesse (il avait cinquante-huit ans), il pliait sous le poids des affaires et des inquiétudes. Ce rôle si pénible, et joué si long-temps, avait usé ses forces ; la vigueur de son tempérament était épuisée, et les tourmens de son âme s'augmentaient avec sa langueur. »

» Menacé par de continuels complots, effrayé de vivre au milieu de haines innombrables qu'il avait soulevées contre lui, épouvanté du prix immense que l'on pouvait attacher à sa mort, redoutant la main d'un ami, le glaive d'un émissaire de Charles ou d'un fanatique, il portait sous ses vêtemens, une cuirasse, des pistolets, des poignards, n'habitait pas deux jours de suite la même chambre, craignait ses propres gardes, s'alarmait de la solitude, sortait rarement, par de brusques apparitions, au milieu d'une escorte nombreuse, changeait et mêlait sa route, et, dans la précipitation de ses voyages, portait quelque chose d'inquiet, d'irrégulier, d'inattendu, comme s'il avait toujours eu à déconcerter un plan de conspiration, ou à détourner le bras d'un assassin. »

On peut affirmer que jamais Napoléon ne fut dévoré de si affreuses inquiétudes. Il fut un temps où de violentes et audacieuses tentatives menacèrent sa vie ; elle fut, une fois, exposée au dernier péril ; mais il mit fin à tous les projets de ce genre, en saisissant le sceptre, en le tenant d'une main ferme, et en se composant un État militaire, assez fort, assez dévoué, pour dissoudre, par le seul appareil, toutes les espérances. Dès-lors, plus de fanatiques en France. La mort ne pouvait plus le menacer que sur un champ de bataille, et là, quand il le jugeait nécessaire, il ne lui en coûtait point de l'affronter. Sans doute, depuis la catastrophe de Moscou, son âme s'ouvrit à la possibilité, à la vraisemblance même, d'une chute effroyable. Mais de semblables terreurs n'étaient point chétives et concentrées comme celles de Cromwell ; elles étaient, comme toute la destinée de Napoléon, vastes, colossales, flatteuses pour son orgueil. Oui, disait-il ; je tomberai peut-être ; je serai écrasé, mais par l'Europe entière. Il faudra que, pour m'abattre, tous les Dieux se réunissent. Mon sort, même le plus malheureux, ne pourra jamais être que celui des Titans.

CHAPITRE XIII.

La mort précipitée de Cromwell ne laisse point douter que ses peines intérieures étaient devenues d'une violence et d'une multiplicité intolérables ; il n'avait pas cinquante-neuf ans, lorsqu'il y succomba ; la force de son tempérament lui promettait la plus longue carrière. Mais toutes les causes d'agitation s'étaient accumulées sur son existence ; au milieu des scènes tumultueuses de la plus forte ambition, il était resté profondément sensible, parce que ses mœurs étaient sévères ; autour de lui, nulle gaîté, nulle distraction ; se conformant à l'esprit de cette Réforme qui avait fait sa puissance, il avait supprimé tous les théâtres, défendu toute composition dramatique. Sa cour avait l'austérité d'un cloître.

Quel contraste avec les mœurs et la cour de Napoléon ! ici, quelle frivolité ! là, quelle constance, quelle sombre énergie ! Napoléon et la plupart de ses courtisans traitaient de romanesques les plus tendres émotions de l'âme ; Cromwell portait au plus haut degré les affections domestiques ; il ne pouvait survivre à la perte de lady Cleypole, sa fille chérie ; et à son lit de mort, cette femme estimable lui donnait le dernier coup de poignard ; elle lui reprochait, avec une pieuse amertume, la cruauté qu'il avait eue de faire condamner au dernier supplice des royalistes qu'elle honorait.

Cromwel sembla pressé d'aller cacher dans le tombeau la douleur et la terreur que lui causaient des reproches si cruels.

Ah qu'il y a encore de qualités élevées dans le cœur de l'homme qui peut mourir de remords et de tendresse !

La dernière maladie de Cromwell ne dura que quatorze jours. A ce moment fatal où toute l'âme se dévoile, il montra que les idées religieuses dont il avait fait un si grand moyen d'influence, n'avaient pas été seulement pour lui un instrument d'ambition, mais qu'il leur avait souvent donné sa persuasion réelle. Autour de lui personne ne douta de sa foi. C'est ce qui s'unissant, et au spectacle de sa mort, et à l'impression encore universelle de sa puissance, ranima, en sa faveur, l'affection et l'enthousiasme. « Au moment où la nouvelle de sa mort se répandit dans le palais de Witheball, qui était rempli de fanatiques en prières, un Chapelain se leva, et s'adressant à la foule consternée : c'est une heureuse nouvelle, s'écria-t-il ; puisque le Protecteur était si utile et si secourable dans cette vie mortelle ; combien ne le sera-t-il pas davantage dans le Ciel, où il est assis avec Jésus-Christ, à la droite de Dieu?

Le témoignage du grave Thurloë est irrécusable. « On ne peut exprimer, écrivait-il, l'affliction de l'armée et du peuple. Le nom de Cromwell est déjà consacré. Jamais homme n'a été l'objet d'autant de prières qu'on en a fait pendant sa maladie; des assemblées solennelles se réunissaient chaque jour pour demander à Dieu la continuation de sa vie ; de sorte qu'il est monté au Ciel, embaumé dans les larmes de son peuple, et porté sur les ailes de la prière des saints. »

Qui refusera le titre de grand homme à celui qui, à sa mort même, exerça un tel ascendant !

Quelques regrets, quelque affection, quelque enthousiasme se ranimèrent également en faveur de Napoléon, lorsque déchu pour toujours du rang suprême, il fut exilé sur le rocher où il trouva sa tombe politique.

S'il n'eût pas hésité dans le sacrifice, que de noblesse il eût donné à son malheur !

Mais son âme est forte; sans doute elle s'épure, se calme, s'éclaire; sans doute, elle reconnaît que, pour les grandes victimes du sort, il n'y a plus d'autre héroïsme que la résignation et la justice.

Que Napoléon approuve sa chute; qu'il l'explique sans orgueil et sans faiblesse ; qu'il fasse des vœux sincères, et pour le grand peuple dont il fut, quelques années, le maître et le héros, et pour l'auguste Monarque dont il releva le trône, qui, chaque jour, efface nos malheurs et ses fautes, qui, écartant tout ce qu'il y avait de fastueux dans ses projets, est venu accomplir tout ce qu'il y avait de grand et de patriotique dans ses pensées.

A de telles conditions, Napoléon, réconcilié avec son siècle, deviendra, pour tous les siècles, un objet de haute admiration.

CHAPITRE XIV.

Je viens de comparer entr'eux les deux hommes les plus remarquables des temps modernes. Un dernier trait manque au parallèle des deux révolutions les plus mémorables.

Rappelons quelques idées principales.

L'Angleterre avait reçu, d'un de ses Monarques, une Constitution qui lui était essentiellement convenable, qui seulement était encore un peu anticipée, parce que les dogmes du Catholicisme et ceux de la Réforme étant encore, les uns et les autres, exclusifs, impérieux, intolérans, la liberté religieuse, premier fondement de toute liberté, n'existait pas.

La France, il y a trente ans, n'avait pas de Constitution; mais la liberté religieuse lui étant acquise par les progrès universels de la tolérance philosophique, une Constitution, à la fois libérale et monarchique, une Constitution très-convenable à tous ses besoins politiques, une Constitution appelée par ses vœux, une Constitution par conséquent nécessaire à sa prospérité et à sa tranquillité devait lui être donnée, mais par le Monarque, sans l'intervention du peuple.

Ne craignons pas de le répéter; c'est, à mes yeux, un principe de grande importance : on ne peut, avec prudence, livrer à la discussion publique que les améliorations d'une Constitution établie ; de même que les distributions intérieures et l'ameublement d'un vaste édifice doivent seuls être abandonnés au goût et aux convenances particulières des hommes nombreux destinés à l'habiter; si l'on a voulu que le plan et la construction de ce vaste édifice eussent de la régularité, de la solidité et de l'ensemble, c'est à la direction d'un seul architecte que l'on a eu la sagesse de le confier.

La Révolution Anglaise, dirigée et maîtrisée par Cromwell, avait pour but de dégager la Constitution déjà établie des entraves dogmatiques; et cette révolution, malgré sa violence, ne suffit pas pour y parvenir, parce que, en faveur des dogmes eux-mêmes, il y avait encore, de part et d'autre, foi profonde et réelle, par conséquent combat acharné, par conséquent encore, alternative de domination des uns sur les autres.

A la mort de Cromwell, par cela même que les opinions des Réformateurs venaient de régner avec passion et violence, il était impossible que les opinions catholiques n'usassent que de modération, pour ressaisir l'autorité.

Et la Royauté, que la démocratie évangélique venait également d'opprimer, ne pouvait que faire cause commune avec le catholicisme.

Ainsi, à la mort de Cromwell, la tendance générale, quoique transitoire, de l'opinion, était vers le rétablissement du Christianisme absolu, ou Catholicisme, et de la Monarchie absolue, ou excès de Royauté.

Une seule force résistait à cette tendance prépondérante : c'était l'armée de Cromwell; armée faible de nombre, mais imposante par sa bravoure, sa discipline, son fanatisme, ses habitudes. Ni le Catholicisme ni la Royauté ne pouvait lui opposer un corps réglé et formidable; mais, de son côté, elle était devenue, surtout depuis la perte de son chef, hors d'état de comprimer la Royauté ni le Catholicisme. Pour éviter de nouvelles secousses, il fallait donc, à l'aide du temps et de l'adresse, la séduire, la dissoudre, la subjuguer.

Le général Monck y parvint; et, en cela, il se montra homme prévoyant et habile. La tentative de renouveler le pouvoir de Cromwell n'aurait pu être, de sa part, que la plus funeste chimère. Deux Dictateurs politiques ne sauraient se succéder l'un à l'autre, surtout dans le même sens. Au terme de la première dictature, les circonstances sont devenues nécessairement opposées; et, nous l'avons vu, avant même la mort de Cromwell, sa dictature finissait.

Le général Monck ne fit donc que suivre les inspirations d'un jugement sain, en secondant la situation des choses, au lieu de lui résister, en faisant, ou plutôt en aidant une contre-révolution, qui, sans doute, ne pouvait être que temporaire, mais qui, en ce moment, était inévitable. Ce qui le démontra, c'est que cette contre-révolution se fit très-paisiblement; c'est, encore plus, que Charles second reçut l'appui très-prononcé du parti Presbytérien, de ce parti, constitutionnel par principes, mais toujours aveuglé par passion, toujours excessif dans ses mouvemens. Les mêmes hommes qui avaient ouvert, sous les pas de Cromwell, les voies du despotisme, qui, pour ainsi dire, avaient fondé et construit l'échafaud sur lequel mourut Charles Ier, se prêtèrent avec empressement au retour de son fils, et concoururent à lui rendre le trône.

Le fanatisme outré des Puritains, ou Presbytériens exagérés, n'avait pu que refouler les Presbytériens modérés vers la Monarchie; de même qu'en France, nous avons vu les Républicains enthousiastes, tels que Vergniaud, Condorcet, nés de l'exagération du parti philosophique, ramener la masse générale de ce parti vers la royauté.

Personne d'ailleurs, plus que Charles second, ne devait être précipité vers les excès d'opinions opposées à l'esprit du Puritanisme. Dès son enfance, des ministres de cette secte l'avaient obsédé; « et, sous prétexte de l'instruire dans la vraie religion, ne l'avaient plus quitté, l'assujettissant à leurs longues prières, lui faisant observer le jeûne du samedi plus rigoureusement que les Juifs n'observent leur sabbat. Il était accablé à la fois de tout le cérémonial du trône, et de toutes les servitudes du cloître. Si ce jeune Prince, aimable et gai, s'avisait de rire un samedi, ses incommodes gardiens, dans la plus humble attitude, et les genoux en terre, lui adressaient de dures réprimandes. On le forçait d'assister à des prédications remplies d'injures contre les péchés de son père, et l'idolâtrie de sa mère. »

Que l'on ne s'étonne plus de ce que Charles second, remis en possession du pouvoir suprême, ne sut pas garder une mesure judicieuse, ni dans la facilité de ses mœurs, ni dans la manifestation de sa croyance, ni dans l'exercice de son pouvoir. Les hommes qui n'ont pas de lumières étendues, et Charles second était de ce nombre, sont hors d'état de se défendre contre l'instinct de réaction. Tous leurs principes dérivent de leurs inclinations, et tous leurs anathêmes de leurs souffrances.

Le caractère et la position de Louis XVIII n'ont eu rien de ressemblant au caractère et à la position de Charles second. La nature a accordé à Louis XVIII une raison élevée, et son éducation s'est faite dans un siècle de lumières, à l'époque où se préparait le grand mouvement patriotique dont il fut le premier soutien.

Si Louis XVIII eût régné, il y a trente ans, il eût donné à la France une Charte constitutionnelle ; il eût ainsi préservé la France et le Trône des secousses révolutionnaires. Au retour de l'exil, affermi par vingt ans de réflexions et de solitude, il ne pouvait que suivre la même ligne de conciliation et de sagesse, la seule, d'ailleurs, sur laquelle les vœux de tous les Français éclairés plaçaient leur Souverain. Et il ne trouvait, en rentrant dans sa patrie, aucun fanatisme, ni en faveur de la Réligion Catholique, ni contre elle ; parmi les hommes qui semblaient mettre le plus d'ardeur à la défendre, beaucoup d'ambitieux cherchant un masque ; et, parmi ceux qui la redoutaient, beaucoup d'hommes alarmés sur la stabilité de leurs possessions nouvelles. Ainsi, toute la guerre des opinions se réduisait à un simulacre ; la lutte réelle n'existait qu'entre les intérêts humains.

C'est donc par-dessus tout à adoucir leurs froissemens que devaient s'employer la sagesse et l'autorité royales : intérêts d'amour-propre, intérêts d'habitude, intérêts de bien-être, tous étaient confiés à la sollicitude du Monarque ; tous devaient trouver en lui une Providence impartiale, s'occupant de les satisfaire, sans acception de classes, d'opinions, de souvenirs.

Le Roi a rempli dignement sa mission auguste. Sensible aux peines de tous ses sujets, il ne s'est point affecté des expressions violentes que trop souvent la douleur leur a arrachées. Dans les injustices, dans les amertumes de tous les partis, il n'a vu que les tristes effets du malheur ; il a jugé qu'il éteindrait toutes les dissensions, s'il parvenait à soulager toutes les infortunes. Il les a soulagées, au moins de toutes ses intentions, de tous ses efforts.

Pour rétablir l'ordre social, il n'a cédé à aucune impulsion extrême ; il a balancé d'une main ferme, généreuse, nos besoins, nos droits et nos devoirs.

L'ordre ancien méritait des égards ; l'ordre nouveau exigeait de la déférence ; il a confondu, dans le système de la Charte, cette déférence et ces égards.

La vieillesse a été consolée ; les fougues de la jeunesse ont reçu un régulateur.

L'héritage de Charles second ne put s'étendre au-delà de son fils. Il était sans bases, sans liens ; l'opinion le ruinait.

L'héritage de Louis XVIII ne sera autre chose que l'opinion publique, consacrée, constituée ; nul intérêt ne lui sera opposé ; nulle force ne songera à le détruire ; toutes les forces s'uniront pour le conserver.

..... Il passera néanmoins ! tout finit sur la terre ! la France elle-même ne sera pas éternelle. Mais sa gloire, son influence, son exemple, ne périront point.

Dans le lointain des siècles, je vois un Mausolée. Il est gardé par l'Histoire. Elle tient un livre. Les pages principales ont pour titres :

CHARLEMAGNE ; génie, puissance.

SAINT-LOUIS ; piété, grandes vues, erreurs généreuses.

LOUIS XII ; modestie, économie.

FRANÇOIS Ier ; instruction naissante ; penchans magnanimes.

HENRI IV ; bon sens, courage, simplicité, bonté.

LOUIS XIV ; fermeté, grandeur.

LOUIS XVI ; vertu, nobles intentions, déchirante infortune.

NAPOLÉON ; éclat, témérité, violence, catastrophes.

LOUIS XVIII ; repos, sagesse, liberté, vérité.

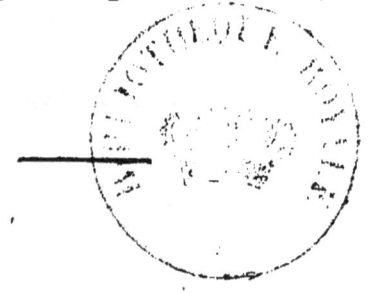

od-product-compliance